Eugène Morand

Die Forelle - Les Dossiers jaunes

Schwank in 3 Akten

Eugène Morand

Die Forelle - Les Dossiers jaunes
Schwank in 3 Akten

ISBN/EAN: 9783744620710

Hergestellt in Europa, USA, Kanada, Australien, Japan

Cover: Foto ©ninafisch / pixelio.de

Weitere Bücher finden Sie auf **www.hansebooks.com**

Die Forelle.

(Les Dossiers jaunes.)

Schwank in 3 Akten nach dem Französischen des
Eugen Morand.

(Im Volkstheater im k. k. Prater mit durchschlagendem Erfolge aufgeführt.)

Wien, 1892.
Druck von Leo Reichel's Witwe in Baden bei Wien.
Verlag von Dr. O. F. Eirich.

Personen.

Montchevreuil, Advokat.

Heloise, seine Frau.

Droguet.

Champagnol.

Hortensia, seine Frau.

Martineau.

Madame Veteran.

Loulou, deren Tochter.

Pamela, Stubenmädchen bei Montchevreuil.

Ein Herr.

Paul.

Gustav.

Lucien.

Jules.

Ida.

Ninette.

Rosine

Estelle.

Deloge, Secretär.

Robin, Amtsdiener.

Gäste, Gendarmen, Hotelbedienstete re.

———∘∘✖∘∘———

Erster Akt.

Montchevenils Privatzimmer, links Thüre in die Wohnung führend, die Thüre rechts führt in die Kanzlei. — Links ein Fenster. Im Hintergrunde rechts ein Plakat. — Links Montchevenils Schreibtisch, rechts Droguet's Pult.

1. Scene.

Heloise allein, sie kommt von links, geht an das offene Fenster, schließt es, geht dann an Droguet's Pult, nimmt daraus ein Aktenstück, in welchem ein Brief liegt, liest ihn mit Zeichen heftiger Aufregung, schreibt schnell eine Antwort, schiebt sie in dasselbe Aktenstück und geht wieder links ab.

2. Scene.

Droguet allein, kommt von rechts, öffnet das Fenster, geht zum Pult, nimmt den Brief aus den Akten, liest den von Heloise geschriebenen Brief, schreibt eilig eine Antwort, welche er in die Akten legt und geht rechts ab.

3. Scene.

Pamela. Droguet.

Pamela (welche den letzten Theil der vorhergehenden Scene beobachtet hat). Herr Droguet! Oh!

Droguet (die Thür wieder öffnend). Was! Sie sind es Fräulein Pamela?

Pamela. Ja, ich bin es Herr Droguet! Sie glaubten vielleicht, es sei Madame?

Droguet. Ich? — Nein! — Warum?

Pamela. Das ist — weil Sie ihr schrieben — so glaube ich.

1*

Droguet. Ich? — Nein — das heißt — ja ich schrieb — aber für einen Andern!

Pamela (lachend). Daß Sie nicht für sich schrieben, wußte ich wohl — überdies — haben Sie keine Angst — ich werde nichts sagen — aber Sie müssen mir noch Karten für das Theater geben. — Herr Droguet, Sie haben ja einen Freund, der Statist ist!

Droguet. Sie lieben das Theater sehr, Fräulein Pamela, ich möchte wetten, daß Sie dreimal die Woche gehen!

Pamela. Sagen Sie, daß ich es anbete! Besonders die Dramen, denn das Drama ist wie das tägliche Leben. — Zum Beispiel, hier im Hause geht man einem Drama ent= gegen, das wird man mir nicht ausreden können!

Droguet. Aber nein, hier gibt's kein Drama!

Pamela. So? — Und gibt's hier auch keinen schönen Lieutenant, Herrn Adalbert?

Droguet. Herrn Adalbert? — Ah, wir wissen? —

Pamela Wenn ich Ihnen schon sage, daß ich Alles weiß! Ich weiß, daß unsere Gnädige mit Herrn Adalbert correspondirt und daß die Briefe dort in das Pult geschoben werden. (Zeigt auf das Pult rechts.) Ich weiß, daß das Fenster Ihnen als Signal dient; ist es geöffnet, so heißt es: „Es ist ein Brief da für Sie", geschlossen heißt es: „es ist gut, ich habe den Brief schon!" Es ist offen, wetten wir, daß jetzt ein Brief da ist!

Droguet. Nun ja — es ist ein Brief da! — Aber es wird keinen Brief mehr geben, das ist der letzte: Weil Frau Montchevreuil und Herr Adalbert ganz fertig sind mit einander — ganz fertig!

Pamela. Nicht möglich!

Droguet. Es ist wie ich sage: Herr Adalbert hat einen Band Gedichte geschrieben und unsere Frau hat sich in seine Seele verliebt, als der Herr Lieutenant das merkte, da hatte er genug! — Und merken Sie sich das, Fräulein Pamela, wenn ein Mann sagt, er finge an genug zu haben, so hat er schon lange zu viel.

Pamela. Einen Band Gedichte hat er geschrieben? Ach wie romantisch! Das sieht man ihm gar nicht an!

Droguet. Nicht wahr? Er sieht sonst ganz verständig aus! — Also hat der Herr Lieutenant mich mit der Ent=

zweiung beauftragt, und ich habe es ausgeführt! Ich hatte einen letzten Brief — einen sehr kühlen Brief an den gewöhnlichen Platz gethan, Madame hat ihn genommen und antwortete darauf auch sehr kühl: „Sie sind ein Schuft! — Ich verabscheue Sie!" Das ist eben Alles, was sich zwei Liebende zu sagen haben.

Pamela. Sie haben den Brief genommen.

Droguet. Und ließ einen anderen für Madame da, worin ich sie bat, mir wissen zu lassen, wann ich sie einen Moment allein sehen könnte. Ich muß ihr nämlich alle ihre Briefe zurück geben. (Zieht aus seinen Taschen mehrere Bündel Briefe.) — Das ist doch genug?

Pamela. Na, Sie werden g u t empfangen werden!

Droguet. Ich konnte es nicht verweigern, weil — Sie werden dem Herrn doch nichts sagen? Der Grund ist folgender: (Leise.) Ich werde mich verheiraten und Herr Adalbert hat meine Heirat zu Stande gebracht — eine ganz unerwartete Heirat! —

Pamela. Sie heiraten? Wann denn?

Droguet. Morgen Früh! Ich gehe heute Abend noch nach Fontainebleau — denn in Fontainebleau ist meine Trauung mit der Tochter einer Frau Veteran — gewesene Marketenderin bei den Zwölfer-Dragonern, Herrn Adalbert's Regiment in Fontainebleau. Madame Veteran besitzt dort das Hotel zum Einhorn — besonders geeignet für Hochzeiten und Feste; großer Saal — für 200 Personen — zu Zwölf ist man schon unbequem, — aber das macht nichts! — Das Hotel gehört einmal meiner kleinen Frau.

Pamela. Dann werden Sie Wirth?

Droguet. Oh nein, ich erst später! — Ich habe eine Tante, deren Geschäft ich übernehme.

Pamela. Und was macht Ihre Tante?

Droguet. Sie ist Milchfrau en gros! Aber sagen Sie Herrn Montchevreuil nichts davon, er ist gegen das Heiraten!

Pamela. Ja, er will keinen verheirateten Schreiber.

Droguet. Natürlich! Entweder wäre der Schreiber glücklich in der Ehe und hätte seinen Kopf nicht bei den

Geschäften, oder wäre unglücklich und hätte ihn noch weniger dabei — das ist logisch, aber unangenehm!

Pamela (Lärm draußen.) Pst! Da ist er! (Nimmt einen Ueberzieher und geht ab.)

4. Scene.

Droguet, Montchevreuil.

Montchevreuil (seine Akten auf den Schreibtisch legend). Ah, Herr Droguet!

Droguet (sieht nach der Thüre zu Heloisens Zimmer, bei Seite). Wenn Sie nur den Brief nähme!

Montchevreuil. Herr Droguet! Ah! — An was denken Sie denn? Ich finde Sie merkwürdig zerstreut seit einiger Zeit.

Droguet. Mich, Herr Doctor?

Montchevreuil. Nun den Großmogul meine ich nicht! (Ihm eine Note reichend.) Da — Sie werden morgen Früh in den Justizpalast gehen — es sind einige Papiere abzuholen.

Droguet (bei Seite). Teufel! — Und meine Hochzeit! (Laut.) Ich wollte bitten, mich morgen —

Montchevreuil. Was wollen Sie bitten?

Droguet. Mich für morgen zu beurlauben — ich möchte gerne ein Bad nehmen. — (Bei Seite.) So wird er nichts merken.

Montchevreuil. Geschäfte sind Geschäfte! — Dieses Gefühl der Reinlichkeit macht Ihnen Ehre — aber es darf nicht wieder vorkommen! (Niest.) Ich habe schon wieder einen Schnupfen — wie ärgerlich — gerade jetzt, wo meine neuen Taschentücher noch nicht gemerkt sind! (Niest.) Und dazu habe ich so viele Proceße! — Bernadac contra Bernadac, Scheidung mit Geldentschädigung. Banasdel contra Banasdel, Ehescheidung. Caudebec contra Caudebec, Ehescheidung mit Leibrente. — Merkwürdig! Alles will sich scheiden lassen! (Niest.) Da classificiren Sie mir diese Akten und verwechseln Sie nichts. Sie wissen ja, was ausgemacht ist. Die Akten für Ehebruchs-Klagen zertheilen sich in zwei Classen — die Rothen und die Gelben — Die Rothen für Diejenigen, welche noch schwanken. — Roth ist die Farbe der Hoffnung.

Droguet. Bitte grün!

Montchevreuil. Ich habe kein grünes Papier — also ist die Hoffnung roth! - Die Gelben für Diejenigen, welche ihrer Sache sicher sind.

Droguet (die Acten ansehend). Gut, Herr Doctor. (Bei Seite). Wie beruhigend das alles ist für einen Mann, der morgen Früh heiraten will — sehr beruhigend! (Rechts ab).

5. Scene.

Montchevreuil, dann Pamela.

Montchevreuil (niest, sieht sich um und sieht das offene Fenster). Ah! Natürlich ist das Fenster wieder offen! Jeden Tag bekomme ich dadurch den Schnupfen wieder auf's Neue. (Läutet).

Pamela (eintretend). Gnädiger Herr?

Montchevreuil. Machen Sie das Fenster zu!

Pamela. Sehr wohl! (Bei Seite). Aber das offene Fenster ist ja das Signal! Wenn ich das Fenster schließe, bekommt Madame ihren Brief nicht!

Montchevreuil (dreht sich um). Nun — wird's bald?

Pamela. Ist schon geschehen, mein Herr! (Geht verlegen um ihn herum).

Montchevreuil. Was stehen Sie denn noch da herum? Lassen Sie mich allein!

Pamela. Ich wollte den gnädigen Herrn Etwas bitten.

Montchevreuil. Ah! Sie auch? Was ist es? Wollen Sie etwa auch ein Bad nehmen?

Pamela. O niemals, gnädiger Herr! Nein, ich möchte bitten, daß ich heute Abend in das Theater gehen darf — weil heute ein neues Stück — heute ist die erste Première.

Montchevreuil. Sie können ja nach dem Essen gehen.

Pamela. Ich wollte bitten, ob ich nicht das Essen früher serviren dürfte, weil ich sonst nicht vor dem dritten Act hinkomme!

Montchevreuil. Mein Kind, Sie müssen sich mit Ihren freien Sonntagen begnügen und nicht vergessen, daß die übermäßige Vergnügungssucht der Völker ein Zeichen des Verfalls ist. Gehen Sie!

Pamela. Sehr wohl, mein Herr! (Bei Seite im Hinaus=
gehen.) Und die Journalisten beklagen sich, daß man immer
zu spät in das Theater kommt! Man sieht, daß die noch
nie ein Diner servirt haben, diese Journalisten! (Ab.)

6. Scene.

Montchevreuil, Droguet.

Montchevreuil (an seinem Schreibtische schreibend). Herr
Droguet.

Droguet (eintretend). Herr Montchevreuil?

Montchevreuil. War Niemand während meiner Ab=
wesenheit da?

Droguet. Ja, ein Herr, der wieder kommen wird.

Montchevreuil (ihm Papiere gebend). Gut, Sie werden
die Güte haben, mir diese Akten zu ordnen.

Droguet. Noch eine Ehescheidung?

Montschevreuil. Alles läßt darauf schließen. Schreiben
Sie: „Proceß Balminet."

Droguet. Balminet? So heißt ja die kleine Dame
vom ersten Stock hier im Hause?

Montchevreuil. Kleine Dame? Sie müssen wissen,
Herr Droguet, daß diese kleine Dame eine große Dame ist
— eine sehr große Dame! Sie gehört zu dem ältesten
spanischen Adel! — Es gibt nichts Aelteres, hören Sie?

Droguet. Haben Sie diese Dame gesehen? —

Montchevreuil. Ja, ich habe sie gesehen — ich sah
sie einen Augenblick, gestern Morgens. Beim Hinuntergehen
sehe ich auf der Treppe eine sehr hübsche Person, die ich
schon oft bemerkt hatte. — Ich grüße und gehe vorbei,
als diese hübsche Person mich fragt: „Verzeihen Sie, sind
Sie vielleicht Herr Montchevreuil?" Ich antwortete: „Verzeihen
Sie, ich bin es selbst!" — Und da sagt sie mir mit einem
reizenden Lächeln: „Das habe ich mir gedacht nach dem Aus=
sehen!" Das war wenig, nicht wahr? Aber dieses Wenige
verrieth eine außergewöhnliche Erziehung. — Darauf sagte sie:
„Man soll von Niemandem gleich das Schlechteste ver=
muthen — aber nicht wahr, Sie sind Advokat."

Droguet. Das ist ja ein Witz! Sehr gut, den werde
ich mir merken. --

Montchevreuil. Sie haben mich um Erhöhung Ihres Gehaltes gebeten — ich schenke Ihnen diesen Witz. — Darauf gab ich ihr eine geistreiche Antwort, die ich aber wieder vergessen habe. Bei seinen Frauen kann es nie schaden, etwas Geist in das Gespräch zu bringen — wenn man welchen hat.

Droguet. Gewiß.

Montchevreuil. Ich sage das nicht für Sie. — Nun, sie hat mir ihren Besuch für heute angesagt. Es gibt wahrscheinlich ein Geschäft.

Droguet. Sehr wohl. (Will gehen, kommt zurück.) Es war heute ein Herr Champignol hier. —

Montchevreuil. Champignol — Ehescheidung?

Droguet. Ja, er sieht darnach aus. Er wird wieder kommen. (Geht an sein Pult und sucht in den Schriften, bei Seite.) Hat Frau Montchevreuil den Brief genommen? Nein! Donnerwetter, das Fenster ist geschlossen, das muß aufgemacht werden.

Montchevreuil. Wir werden Herrn Champignol abwarten, um seine Akten zu ordnen. — Ah, diese Geschäfte, diese Geschäfte! (Vertieft sich in seine Papiere.)

Droguet (für sich). Es muß geöffnet werden. (Laut.) Sie haben Unrecht, gnädiger Herr, sich so übermäßig anzustrengen, glauben Sie mir, Sie haben Unrecht. Sie sind ganz roth, es steigt Ihnen das Blut zu Kopfe!

Montchevreuil. Ich bin roth? Glauben Sie? Das sind die Nerven.

Droguet. Und eine Hitze ist hier — Sie sollten das Fenster öffnen.

Montchevreuil. Ich danke, ich bin schon verschnupft — ich niese fortwährend!

Droguet. Natürlich! Was wollen Sie denn im Winter thun, wenn Sie sich jetzt schon so einsperren. (Oeffnet das Fenster.) Für Schnupfen gibt es nur die Homöopathie — oder Fußbäder mit Senf. — Sehen Sie Herr Doctor, ich hatte eine Tante, welche einen Papagei besaß, der den Schnupfen hatte; nun wollte meine Tante dem Papagei ein Fußbad mit Senf geben — und —

Montchevreuil (ärgerlich). Da, nun schreibe ich auf die Akten Fußbäder mit Senf — das ist unausstehlich! — Gehen Sie an Ihre Arbeit, gehen Sie!

Droguet (im Abgehen). Ich gehe schon, ich gehe ja schon. Ich glaube, es würde den Herrn Doctor interessiren, zu hören, daß meine Tante einen Papagei hatte, der ihr sehr ähnlich war! (Ab).

7. Scene.

Montchevreuil, Heloise, dann Droguet.

Heloise (bei Seite). Es ist offen — also ist eine Antwort da! (Nähert sich Droguet's Pult und nimmt den Brief, bei Seite.) Da ist er!

Montchevreuil. Suchst Du etwas?

Heloise. Nein, nichts! (Bei Seite, hat den Brief eingesteckt.) Ich muß Droguet wissen lassen, daß ich die Antwort habe. — Und ans Fenster. (Laut.) Ah, mein Gott, mein Freund, was haben Sie denn?

Montchevreuil. Habe ich etwas?

Heloise. Aber Sie sind ja ganz blaß!

Montchevreuil. Blaß? ich bin blaß? Siehst Du, mir fehlt Etwas! Vorhin war ich ganz roth! — Es sind die Nerven. (Niest). Ich habe einen neuen Schnupfen!

Heloise. Warum machen Sie aber auch das Fenster auf?

Montchevreuil. Es war dieses Schaf von einem Droguet. Ich werde es schließen. (Er schließt das Fenster).

Heloise (bei Seite). Der Brief ist nicht von ihm. Er ist von Droguet. (Liest.) „Madame, ich habe Ihnen Etwas von Herrn Adalbert zu übergeben. Machen Sie, daß ich Sie allein sprechen kann!" — Ohne Zweifel meine Briefe. (Sich vergessend.) Gott sei Dank — nun ist es aus!

Montchevreuil (hat die letzten Worte gehört). Was ist aus? Ach so — nicht wahr, das Fenster!

Droguet (von rechts, bei Seite). Sie ist gekommen (Laut.) Gnädiger Herr eine Dame wünscht Sie zu sprechen!

Montchevreuil. Ah, lassen Sie diese Person eintreten! Meine liebe Freundin, lasse uns allein. — Eine Clientin von höchster Wichtigkeit.

Heloise. Ich gehe. (Leise zu Droguet im Abgehen.) Sobald mein Mann ausgegangen ist, komme ich hieher. (Links ab.)

Droguet. Und ich will mit dem 5 Uhr-Zug abreisen. Ich nehme eine Forelle mit für die Hochzeit. Seit zwei Tagen steht sie schon in der Kanzlei im Kühlen. Damit sie Herr Montchevreuil nicht sieht, habe ich sie in die hölzerne Truhe gethan. (Oeffnet die Thür der Kanzlei, läßt eintreten.) Madame, wenn es gefällig ist! (Schiebt einen Stuhl in die Nähe von Montchevreuil's Schreibtisch, bei Seite.) Ich gehe meine arme Forelle erlösen! (Ab.)

8. Scene.

Montchevreuil, Hortensia.

Montchevreuil. Madame ich erwartete Sie.

Hortensia. Störe ich nicht?

Montchevreuil. Im Gegentheil, und erlauben Sie mir, Ihnen zu sagen, wie erfreut ich bin, Sie bei mir zu sehen. Dieses Begegnen auf der Treppe werde ich nie vergessen!

Hortensia. Ich wagte es kaum, zu Ihnen zu kommen, — eine Frau ganz allein! Meine Lage ist so delicat!

Montchevreuil. Desto mehr Grund, darüber zu sprechen. Geben Sie sich die Mühe sich zu setzen. Bitte — hier ist auch eine Fußbank.

Hortensia. Erlauben Sie mir, Ihnen in einigen Worten meine Lage zu erklären. — Ich bin verheiratet.

Montchevreuil. Seien Sie meines Beileides versichert!

Hortensia. Oder vielmehr — ich war es! Ich werde Ihnen nicht sagen, durch welche Folge von Verhältnissen Herr von Valminet und ich uns trennten. Ich habe mir es zur Pflicht gemacht, nur das Beste von meinem Manne zu sagen.

Montchevreuil. Das ist edel, sehr edel!

Hortensia. Ueberdies war er ein ganz unbedeutender Mensch, ohne Bildung, brutal und unangenehm, er hatte alle Fehler — und wenn ich Schlechtes über ihn sagen wollte — —

Montchevreuil. Fahren Sie fort! — Er war nicht in der ersten Jugend!

Hortensia. Ah, mein Herr, wenn er wenigstens in der zweiten gewesen wäre! Vor meiner Hochzeit war er zärtlich — da war ich sein Püppchen — seine liebe kleine Forelle —

Montchevreuil. Forelle — sehr zutreffend — Forelle — das gefällt mir!

Hortensia. Nach meiner Hochzeit — wurde er gleichgiltig und kalt, denn er verstand nicht die Träume einer Frau, welcher die warme Sonne von Andalusien andere Neigungen gab.

Montchevreuil. Die Sonne von — Sie sind?

Hortensia. Ich bin Spanierin! Ich habe noch einen Onkel, welcher Grand von Spanien ist.

Montchevreuil. Mein Compliment!

Hortensia. Sie würden das Herz einer Frau verstehen, die in Sevilla geboren ist, gegenüber dem Alkazar! — Sie würden es verstehen, sicherlich!

Montchevreuil. Ich habe so meine Tage. Ich bemitleide Sie. Die Blume hat ein Recht auf die Sonne, wie die Frau ein Recht auf Liebe hat.

Hortensia (schlägt ihn auf das Knie). Das sage ich auch! (Montchevreuil macht eine Bewegung.) Verzeihen Sie, das ist so eine spanische Wendung.

Montchevreuil. Eine spanische Wendung? Das habe ich mir gleich gedacht — Nun und wissen Sie, was aus Ihrem Manne geworden ist?

Hortensia. Ueber diesen Punkt wollte ich mit Ihnen reden. Ich habe ein Ehescheidungs-Urtheil gegen ihn erwirkt, welches morgen in Kraft tritt. — Aber ich glaubte zu bemerken, daß er mich seit einiger Zeit beobachten läßt.

Montchevreuil. Wirklich? Und warum?

Hortensia. Wahrscheinlich um eine Nullität zu erwirken. — Aber ich fürchte nichts, denn mein Benehmen ist tadellos! — Nichts destoweniger möchte ich einen juristischen Beistand.

Montchevreuil. Mein Gott, Sie müssen sogar den Schein vermeiden bis zum letzten Moment, sonst könnte er noch Recht behalten Ich spreche wie das Gesetz! — Dann müßte eine neue Untersuchung der beiden Gatten eingeleitet werden.

Hortensia. Beider Gatten? Das möchte ich vermeiden. Nicht meinetwegen — ich habe mir nichts vorzuwerfen — es ist die Rücksicht auf ihn — welche mich leitet.

Montchevreuil. Er verdient diese Nachsicht gar nicht! Ein Mann, welcher die Gefühle einer Frau, welche dem Alkazar gegenüber geboren ist, nicht beachtet, ist sehr strafwürdig. Ich gehe noch weiter und sage — einem Mann, der eine so hübsche Dame, wie Sie, betrügt, kann man nicht verzeihen! —

Hortensia. Sie sind ein famoser Kerl! — (Montchevreuil macht wieder eine Bewegung.) Oh verzeihen Sie, das war wieder eine spanische Wendung, die sehr gebräuchlich in den alten spanischen Familien ist.

Montchevreuil. Ah! Also ich sagte Ihnen, daß man einem Mann, der Sie betrügt, nie verzeihen könnte. Ich, zum Beispiele, habe meine Frau nie betrogen!

Hortensia. Sie sind eben eine Ausnahme!

Montchevreuil. Sagen Sie das nicht — sondern ganz einfach eine außergewöhnliche Natur. — Wie alle außergewöhnlichen Naturen — wenn ich mich gehen ließe, wenn ich mich geliebt wüßte, — ginge ich gleich sehr weit. — Ich würde Narrheiten begehen! — Ich fühle, daß ich etwas Großartiges thun würde.

Hortensia. Wirklich?

Montchevreuil. Aber meine Frau ist tadellos und ich würde nie ohne Grund meine Pflichten vergessen — und selbst dann wäre ich noch sehr wählerisch. Es müßte auch eine außergewöhnliche Frau sein.

Hortensia. Außergewöhnliche?

Montchevreuil. Eine Frau von Welt, von der wahren, großen Welt!

Hortensia (mit Ueberzeugung). Die große Welt! Ach mein Lieber, das ist auch das Höchste. Wie geht es wieder so mit den Herzens-Angelegenheiten! Wenn ich die Schwachheit einer Frau entschuldigen könnte, wäre es nur die — für einen Mann, der mich über meine früheren Enttäuschungen trösten würde. — Ich schätze nur Eines — und das ist — ein ernster Mann!

Montchevreuil (ihr die Hand drückend, mit Ueberzeugung). Ein ernster Mann, das ist das Richtige!

Hortensia (seufzt). Das werde ich nie finden!

Montchevreuil (seufzt). Wer weiß?

Hortensia. Aber das verhindert nicht, daß ich ein Ideal habe.

Montchevreuil. Das schadet keinem Menschen, ein Ideal zu haben, selbst, wenn man es nie finden sollte.

Hortensia. Wer weiß?

Montchevreuil. Ach Forelle!

Hortensia. Also auf Wiedersehen, Herr Montchevreuil!

Montchevreuil. Auf baldiges Wiedersehen! — Wenn Sie wünschen, daß ich mich Ihrer Sache annehme, kommen Sie bald wieder!

Hortensia. Ich werde wiederkommen! — Mittlerweile machen Sie mir das Vergnügen und besuchen Sie mich. Für Sie bin ich immer zu Hause. (Gibt ihm eine Karte aus ihrem Portefeuille.) Baronin von Valminet.

Montchevreuil. Baronin von Valminet, — mit Krone und Wappen!

Hortensia. Das ist mein eigenes Wappen!

Montchevreuil. Nicht wahr, das ist ein Thier? — Aber man sieht nicht recht, was für eines.

Hortensia. Sie sind Advokat — und nicht Natur= forscher — also entschuldigen Sie sich nicht — es ist ein Kaninchen.

Montchevreuil. Ein Kaninchen?

Hortensia. Ja — ich habe auf rothem Felde ein blaues Kaninchen mit der Devise: „Jamais!"

Montchevreuil. Das ist ganz spanisch.

Hortensia. Also auf Wiedersehen, Herr Montchevreuil!

Montchevreuil (begleitet sie nach rückwärts). Auf Wieder= sehen, Frau Baronin, auf Wiedersehen!

Hortensia (ab).

9. Scene.

Montchevreuil, dann Droguet.

Montchevreuil. Welche Frau! Nur eine wirklich große Dame kann sich so vornehm benehmen! Man hat gut reden — es macht einem doch Vergnügen! Ich erinnere mich, als ich noch studirte, träumte ich einmal, von einer großen Dame geliebt zu sein. Und dieser Traum ist beinahe zur Wirklichkeit geworden — ich begegnete ihr in der Pferdebahn. Sie gestand mir zuletzt, daß sie aus einem der ältesten Häuser der Faubourg St. Germain sei. Sie sprach die volle Wahrheit — das Haus stand an der Ecke der Rue de Frenelle, es wackelte, und man hat es bald darauf niedergerissen.

Droguet (von rechts). Herr Doctor, der Herr von heute Morgen ist wieder da!

Montchevreuil. Gut, lassen Sie ihn eintreten.

Droguet (thut es, dann ab).

10. Scene.

Montchevreuil, Champagnol.

Champagnol. Ein merkwürdiger Geruch in dieser Kanzlei!

Montchevreuil. Wenn ich nicht irre, Herr Champagnol!

Champagnol. Ganz richtig? (Bei Seite.) Hier herinnen riecht es nicht mehr!

Montchevreuil. Was riechen Sie denn?

Champagnol. Nichts. Es war nur während ich mit Ihrem Schreiber sprach. Der Mensch scheint ein Aquarium zu haben.

Montchevreuil. Das kommt wahrscheinlich von der Küche her. — Sie kommen wegen einer Ehescheidung, wenn ich nicht irre?

Champagnol. Natürlich!

Montchevreuil. Das wundert mich nicht! Sehen Sie, es ist immer dieselbe Geschichte; man heiratet und nachher wird man betrogen!

Champagnol. Bei mir ist das anders — ich war vorher schon betrogen!

Montchevreuil. Ich verstehe! Das nennen wir Advokaten einen Erbschafts-Vorschuß. Fahren Sie fort.

Champagnol. Ich komme gleich zu den Thatsachen. Ich bin Commissionär an der Ecke der Rue de Dentier.

Montchevreuil. Aber Sie haben ja keine Nummer?

Champagnol. Verzeihen Sie! Ich bin Commissionär en gros, Aristide Champagnol, Commissionär en gros.

Montchevreuil. Sie haben sich verheiratet, in welchem Alter?

Champagnol. Ich war 57 Jahre alt, aber ich sah bei Beleuchtung aus, wie Einer von 38¼! Meine Frau war 22!

Montchevreuil. 35 Jahre Unterschied! — Das war entweder die That eines Unvorsichtigen, oder eines Philosophen!

Champagnol. Was wollen Sie? Ich lernte ein Fräulein Soundso kennen. Sie gefiel mir — und ich gefiel ihr — wir gefielen uns.

Montchevreuil. Ihr gefielet Euch!

Champagnol. Ich zog Erkundigungen ein. Ihre Familie wahr sehr bekannt in Oel. Mein Schwiegervater hat sich 30 Jahre lang in dem Artikel gehalten.

Montchevreuil. Das muß ein gut conservirter Mann sein.

Champagnol. Ich hegte die Hoffnung, seine Tochter werde so unverfälscht sein wie sein Oel — leider —

Montchevreuil. Leider?

Champagnol. Leider — (spricht ihm in's Ohr).

Montchevreuil. Was Sie nicht sagen! — Aber Sie haben verziehen?

Champagnol Ja, ich verzieh — großmüthig ohne Hintergedanken — indem ich mir sagte: Deine Frau ist noch ein Kind — gefallsüchtig — und dabei ist doch gar nichts! Nicht wahr? Ich sagte mir — wenn es Ernst werden sollte, werde ich sie schon erwischen!

Montchevreuil. Sie haben eine schöne Seele!

Champagnol. Ja. Sie trieb die Coketterie stets nur so weit, als es die Schicklichkeit erlaubt, und daher verzieh ich ihr jedes Mal, ohne Hintergedanken — indem ich mir sagte: nur Geduld, ich erwische Dich doch noch.

Montchevreuil. Nun, und haben Sie sie erwischt?

Champagnol. Nein! — Eines Abends — es war an meinem Geburtstage und ich hatte ihr eben wieder verziehen — sagt sie zu mir: Aristide, wie wäre es, wenn wir in ein

Restaurant gingen, um unsere Versöhnung zu feiern? Ich sagte ja und führte sie in ein chambre separé — Sie verstehen die Situation.

Montchevreuil. Als ob ich dabei gewesen wäre!

Champagnol. Es war im Maison doré. Ich ließ mir also ein Zimmer anweisen durch den Kellner, einen Dicken mit Backenbart.

Montchevreuil. Eugen?

Champagnol. Ja, Eugen. Sie kennen ihn?

Montchevreuil. Wie alle anderen. — Ich habe nie von ihm gehört. Fahren Sie fort.

Champagnol. Das Cabinet hatte zwei Thüren, merken Sie sich das, es ist wichtig. Plötzlich — wir waren gerade beim Hummer, sagt meine Frau: „Aristide, ich nehme den Wagen und fahre zu meiner Schneiderin - sie wohnt gegenüber.“ — Ich sage: „Herzchen, dies ist nicht der Moment dafür, der Hummer ist schon alt, man darf nicht mehr zögern ihn zu essen.“ — Nicht wahr, das ist doch nicht der Moment um zur Schneiderin zu gehen?

Montchevreuil. Während meiner langen Carrière ist das das erste Mal, daß eine Frau während des Hummers sich ein Kleid machen ließ.

Champagnol. Nun, sie besteht darauf. Fünf Minuten vergehen. — Ich esse den Hummer allein, als man an die Thüre klopft: „Im Namen des Gesetzes öffnen Sie!“ Ich sage nur: „Das ist ein Spaß.“ Ich öffne, und was sehe ich, mein Herr? (Faßt Montchevreuil wüthend beim Arm.) Meine Frau mit einem Polizei=Commissär und läßt mich über= raschen, mein Herr!

Montchevreuil. Aber Sie waren allein?

Champagnol Sie behauptete, meine Mitschuldige habe sich durch die andere Thüre gerettet! — Man nahm die Handschuhe, den Fächer, den Hummer — ja, sogar den Hummer zu Protokoll, mein Herr! und der Polizei=Com= missär sagte mir, als er meine Rechnung sah, daß es sehr unwahrscheinlich sei, 25 Louis mit seiner eigenen Frau aus= zugeben.

Montchevreuil. Mein Herr, ich habe schon viel betrogene Ehemänner gesehen, aber glauben Sie mir, daß niemals — mein Compliment mein Herr, ich gratulire.

2

Champagnol. Ich nehme das Compliment an, mein Herr, weil ich es verdiene.

Montchevreuil. Erlauben Sie mir, meinen Schreiber zu rufen, wir werden gleich Alles zu Papier bringen. (Läutet.)

II. Scene.

Vorige. Droguet.

Montchevreuil. Herr Droguet haben Sie die Güte, einige Bemerkungen über die Affaire Champagnol aufzuzeichnen.

Droguet. Gelbe Akten, gnädiger Herr?

Montchevreuil. Dunkelgelb, die dunkelgelbsten die Sie haben.

Droguet. Sehr wohl.

Montchevreuil. Ist die Ehescheidung schon gegen Sie beantragt worden?

Champagnol. Ja, mein Herr, sie soll morgen beim Bürgermeisteramt von Fontainebleau, wo wir heiratheten, vollzogen werden.

Montchevreuil. Morgen? Sie kommen sehr spät mit der Gegenklage!

Champagnol. Das kommt daher, weil ich heute erst den Beweis dafür habe, daß ich meine Frau erwischen kann.

Montchevreuil. Nun, wir müssen uns beeilen.

Champagnol. Und welche Strafe hat das Gesetz aufgestellt für eine betrügerische Scheidungsklage?

Montchevreuil. Die ist dem Gesetze nach verschieden.

Champagnol. Das kümmert mich nicht. Geben Sie mir das Beste.

Montchevreuil. Wir werden uns an das Strafgesetzbuch halten. Früher konnte der Gatte einen Schadenersatz von den Beiden verlangen.

Champagnol. Schade — aber die Vorurtheile dieses Jahrhunderts untersagen mir, auf Geldentschädigung zu klagen.

Montchevreuil. In manchen Ländern werden die Mitschuldigen lebendig verbrannt.

Champagnol. Geht auch nicht. Bei mir ziehen die Kamine schlecht. Weiter.

Montchevreuil. In Frankreich wurden sie im Mittelalter auf öffentlichen Märkten gepeitscht. Man mußte das jedoch abschaffen, weil die Marktplätze zu klein waren.

Champagnol. Aber Sie rathen mir doch zu klagen?

Montchevreuil. Klagen! klagen! Je nachdem! Ihre Frau verurtheilen lassen, ist nicht schlecht und den Mitschuldigen einsperren lassen ist noch besser, aber das Ideal einer Rache ist das nicht! Ich träume von etwas Besserem. Wenn mir dergleichen passirte —

Droguet. Oh, das ist ja nicht wahrscheinlich! (Bei Seite.) Wenn er wüßte!

Montchevreuil. Nein, es ist nicht wahrscheinlich.

Champagnol. Man soll nie seiner Sache zu sicher sein.

Droguet. Das ist wahr! Ich zum Beispiele hatte eine Tante — ich habe schon von ihr zu Ihnen gesprochen — die Tante mit dem Papagei — nun — meine Tante —

Montchevreuil. Herr Droguet, Sie haben eine Wuth den Papagei Ihrer Tante in meine Angelegenheiten zu mischen.

Droguet. Aber, Herr Montchevreutl, ich mische mich ja nicht!

Montchevreuil. Ja, Sie mischen sich! Lassen Sie uns in Ruhe! — Natürlich, meine Frau ist nicht übel, aber eine launenhafte Natur! Dabei so romantisch! Nun ich sage, im Falle mir das passiren sollte — es ist natürlich nur so aus der Luft gegriffen, nur so bildlich gesprochen — so würde ich den Scandal eines Processes vermeiden. Ich würde zu einer Züchtigung greifen, die — wenn auch ganz moralisch, nicht weniger schrecklich wäre.

Champagnol. Was würden Sie also thun?

Montchevreuil. Ich würde dem Geliebten sagen: „Sie nehmen mir meine Frau, Herr? Nun, so behalten Sie sie auch! Heute, da Sie sie mir entführen, sage ich nichts, aber am Tage, wo Sie sie mir wieder bringen wollten, sprechen wir weiter." — Und stellen Sie sich nun diese beiden Unglücklichen vor, die ich in meiner Gewalt habe durch die Angst vor einem Processe, wo das Gesetz auf meiner Seite wäre? Stellen Sie sich ihre Existenz vor? Die würden sich ja die Nasen abfressen, ehe acht Tage vergingen! — Es wäre eine entzückend grausame Strafe — finden Sie nicht auch?

2*

Droguet. Ich gebe Ihnen vollkommen Recht! (L Seite.) Nun, wenn er Adalbert erwischt hätte!

Champagnol. Ja, ja, aber ich habe nicht Ihre Geduli Ich will lieber gleich den Proceß mit einer guten Verurtheilun

Montchevreuil. Ich gab Ihnen nur meine persönlic Anschauung! Sie wollen davon nichts hören; also studir wir die Angelegenheit! — Herr Droguet, schreiben Sie!

Droguet. Wir sagen: Champagnol —

Champagnol. Aristide Champagnol, 38 Jahre, 3 Monat

Montchevreuil. Bei Beleuchtung!

Droguet (schreibt). 38 Monate und 3 Jahre.

Montchevreuil (dictirt). Exporteur —

Champagnol. Special=Correspondent mit dem Nord von Südamerika —

Montchevreuil. Süden von Nordamerika — n nehmen unsere Notirungen immer mit der größten Genaui keit! Fahren Sie fort, Herr Droguet.

Droguet. Champagnol ꝛc. ꝛc. Handelsmann —

Champagnol. Gegen Frau Champagnol —

Montchevreuil. Ebenfalls Handelsmann —

Champagnol. Meine Frau? — handelt nicht!

Montchevreuil. Es scheint doch — sie handelt unrec gegen Sie.

Champagnol. Ah so!

Droguet. Wohnort dieser Person?

Champagnol. Meiner Frau? Weiß ich nicht; wer es aber heute noch wissen — ich habe Jemanden auf ih Fährte geschickt.

Montchevreuil. Herr Droguet, tragen Sie diese Dat alle ein. — Sie, mein lieber Client, Sie werden sehen, b dem Tribunal wird Ihre Frau schön dastehen.

Champagnol. Ah! Desto besser! Das wird mir wo thun! (Ab mit Montchevreuil.)

12. Scene.
Droguet, dann Heloise.

Droguet. 4 Uhr 20! Ich dachte, die würden n gehen! Aber meine liebe Forelle wird nicht jünger in d

Holzkiste. Nun, ich hoffe, daß Frau Montchevreuil kommt! Ein unangenehmer Auftrag! Aber ich konnte einem Manne, welcher meine Heirath mit Fräulein Velesan zu Stande brachte, das nicht abschlagen! — Ich kann es schon nicht erwarten, meine Forelle auch nicht — und sie kommt nicht! Ich weiß -

Heloise. Herr Droguet ist mein Mann fort?

Droguet. Ja kommen Sie schnell, wir sind allein.

Heloise. Sie haben mir von Herrn Adalbert Etwas zu .sagen?

Droguet. Da er weiß, wie sehr ich Ihnen ergeben bin, hat er mich beauftragt, Ihnen —

Heloise. Einen Brief zu übergeben? Geben Sie her.

Droguet. Einen Brief? Nein, ein Paket, einen Band Briefe! (Nimmt sie aus allen Taschen.)

Heloise. Meine Briefe! (Nimmt sie.) Das dachte ich mir — er schickt mir meine Briefe zurück!

Droguet. Mit einer Sorgfalt, welche die Post erröthen machen würde, ja Madame!

Heloise. Aber er hat Ihnen doch Etwas sagen müssen. — Sie haben ihn doch gesehen?

Droguet. Wenn Sie nichts dagegen haben, so möchte ich mich jetzt entfernen!

Heloise. Aber so sprechen Sie doch —

Droguet.. Ich spreche ja — ich sage, ich möchte mich gerne entfernen.

Heloise. So verlassen zu werden — betrogen vielleicht — und von einem Manne, von dem man nur die reine Liebe, eine ideale Leidenschaft verlangte — denn niemals hätte ich eingewilligt, meinem Manne untreu zu werden. Ich suchte nur ein Herz, welches das meinige verstehen würde — das war Alles! Eine Frau würde den Mann, der sie so zu lieben verstände, für einen Helden halten.

Droguet. Ja, aber die Anderen würden ihn sicherlich für einen Narren halten.

Heloise. Das ist schrecklich! (Fällt in seine Arme.)

Droguet (versucht sich ihrer zu entledigen). Verzeihen Sie, aber der Fahrplan erlaubt mir nicht diese Rührungsscene zu verlängern, ich muß gehen! (Geht nach rückwärts.)

Heloise (ihn wiederholend). Sie werden ihn sehen! Nun, sagen Sie ihm, daß Alles aus ist!

Droguet (wie oben). Gut!

Heloise. Und außerdem ich ihn nie geliebt habe.

Droguet. Gut.

Heloise. Sagen Sie ihm, daß er sich wie ein Schuft benommen hat, wie ein — sagen Sie ihm —

Droguet. Ja, ich werde ihm alles Schöne von Ihnen ausrichten. Abgemacht!

Heloise (nimmt die auf dem Canapée liegen gebliebenen Briefe). Und was die Briefe anbelangt, die ich so naiv war, ihm zu schreiben — das ist's, was ich damit mache — (zerreißt sie wüthend).

Droguet. 4 Uhr 30! Wir werden nie fertig! Erlauben Sie mir, Ihnen zu helfen?

Heloise (weiter zerreißend). Mit Vergnügen — und diese noch — und diese —

Droguet (fertig machend). La, la, et la — es ist geschehen! Und jetzt —

Heloise (fällt auf einen Stuhl). Oh, mein Gott, wie unglücklich ich bin!

Droguet. Schon wieder — Nerven! Madame Montchevreuil, ich werde wegen Ihnen meinen Zug versäumen! Madame Montchevreuil! Ah — sie kommt nicht zu sich — ah eine Idee! — wenn ich ihr meine Forelle zu riechen gebe?

13. Scene.

Vorige. Montchevreuil.

Montchevreuil (von der Mitte, sieht Droguet zu Heloisen's Füßen, ihr die Hände klopfend). Was ist denn das? (Kommt näher.) Nun Herr Droguet?

Droguet (steht auf). Ah, Herr Montchevreuil!

Heloise. Mein Mann!

Montchevreuil. Mein erster Schreiber zu den Füßen meiner Frau!

Droguet. Das ist falsch! — Ich werde Ihnen erklären. —

Montchevreuil. Ich hätte mir ja denken können, daß in Ihrer Existenz Etwas nicht richtig sei!

Droguet. Verzeihen Sie, das scheint nur so —

Montchevreuil. Alles klagt Sie an! — Heute morgens fragen Sie mich sogar um die Erlaubniß ein Bad nehmen zu dürfen; — es ist das natürlich?

Droguet. Ah, das kann ich Ihnen erklären —

Montchevreuil. Und jetzt finde ich Sie zu Füßen meiner Frau, meiner legitimen Frau!

Heloise. Aber mein Freund —

Montchevreuil. Meiner ohnmächtigen Frau, welcher Sie auf die Hände schlagen — ist das klar?

Heloise. Ich werde Ihnen sagen —

Montchevreuil (ein Stückchen Brief von der Erde holend). Das ist unnöthig — da ist etwas, was mir mehr sagen wird, wie Sie —

Heloise. Meine Briefe!

Montchevreuil. Ah! Sie bekennen also, daß sie von Ihnen sind? Auch sind sie unterzeichnet: „Ihre Heloise!"

Droguet. Das will nicht heißen, daß sie m e i n e Heloise ist! Herr Montchevreuil, den Beweis dafür wollte ich Ihnen lieber verheimlichen, aber ich will ihn nun doch sagen — nun — ich werde mich verheiraten.

Montchevreuil. Zugegeben, zugegeben — diese Heirat erklärt mir das Geschehene noch besser. Sie haben es Madame dadurch wissen lassen, daß Sie ihr die Briefe zurückgaben, worauf Madame, welche Sie noch liebt, ohnmächtig wurde. Das war in Folge des Bruches.

Droguet. Aber gnädiger Herr!

Montchevreuil. Nun Herr Droguet, wenn es Etwas zum Zerbrechen gibt, so wird es nicht diese Kette sein, die Ihnen zu schwer wurde, sondern Ihre Heirat.

Droguet. Ah, thun Sie das nicht!

Montchevreuil. Herr Droguet, wenn ein Mann wie ich, einen Mann wie Sie, zu den Füßen seiner Frau findet, gibt es nur zwei Sachen zu thun; entweder ihm eine gute Ohrfeige geben —

Droguet. Bitte —

Montchevreuil. Seien Sie ruhig, das darf man nur thun, wenn man überzeugt ist, der Stärkere zu sein. Da ich dessen nicht sicher bin, werde ich mich zu mäßigen wissen.

Heloise. Nehmen Sie doch Vernunft an, mein Freund, es ist ja nicht möglich, daß —

Montchevreuil. Ich bin verständig, Madame, und ich vergesse nicht, daß Louis XIV., um einen Edelmann nicht zu schlagen, ihn zum Fenster hinauswarf.

Droguet. Bitte —

Heloise. Vom vierten Stockwerke! Sie denken doch nicht daran!

Droguet. Man sollte nie über dem ersten Stocke wohnen!

Montchevreuil. Die Zweite ist, Ihnen zu sagen: Herr Droguet, Sie haben gehört, wie ich meine Principien erklärte — Sie wissen also, was Sie zu thun haben.

Droguet. Fort zu gehen —

Montchevreuil. Mit meiner Frau.

Droguet. Wieso mit Ihrer Frau?

Montchevreuil. Sie hörten mich, meine Theorien auseinandersetzen, nicht wahr? Nun Sie werden mit meiner Frau gehen!

Heloise. Mit mir?

Montchevreuil. Ohne Zweifel, da Ihr Euch liebt! Ihr werdet zusammen bleiben, immer — immer —

Heloise. Aber er ist mir ja langweilig! Ich kann ihn gar nicht ansehen!

Montchevreuil (läutet). Sie werden ihn immer ansehen — immerwährend! Oh, Herr Droguet kennt meine Ansichten über diesen Punkt und sie finden seinen Beifall. (Zur eintretenden Pamela.) Den Mantel und Hut von Madame.

Pamela. Gut, gnädiger Herr. (Links ab.)

Droguet (leise zu Heloise). Aber Madame, so sagen Sie doch, daß ich es nicht war!

Heloise (leise zu Droguet). Soll ich ihm etwa sagen, daß es Adalbert sei? Gehen wir nur, wir werden schon ein Mittel finden, von einander zu kommen!

Droguet. Gut, gehen wir! Aber einmal draußen, mache ich Sie aufmerksam, lasse ich Sie stehen! Ich heirate! (Sieht auf die Uhr.) 4 Uhr 40! ich habe noch Zeit für den Zug nach Fontainebleau.

Pamela (eintretend). Hier ist der Hut und der Mantel von Madame. (Hilft Heloisen beim Ankleiden.)

Montchevreuil (der auf und ab ging, bleibt stehen). Und Sie Herr Droguet, sind Sie fertig?

Droguet. Ja — das heißt nein! (Bei Seite.) Bald hätte ich meine Forelle vergessen! (Rechts ab.)

Heloise. Was Sie da thun ist ganz hirnlos, mein Herr!

Montchevreuil Verzeihung, Sie haben das Recht verloren, mein Betragen zu kritisiren, Madame! Ihr liebt Euch, da ich Euch zusammen fand. Nun hören Sie mein Urtheil. — Ich verurtheile Euch Beide dazu, Euch immer zu lieben und ewig die bleierne Kugel des Ehebruchs mit Euch herum zu schleppen.

Droguet (tritt ein, trägt einen Hühnerkorb und eine Braut= krone unter einem Glassturz). Da bin ich!

Montchevreuil. Herr Droguet, wenn es Ihnen Ver= gnügen macht —

Droguet. Zum letzten Mal, Herr Montchevreuil, das wird Ihnen kein Glück bringen — ich habe schon erlebt — ich hatte eine Tante — die Tante mit dem Papagei —

Montchevreuil. Ich kenne Ihre Tante, ich kenne sie! (Oeffnet die Mittelthüre.) Gehen Sie mein Herr, gehen Sie!

Droguet. Gehen wir Madame! (Bei Seite.) Die Gnädige werde ich unterwegs verlieren! (Ab mit Heloise.)

Pamela. Der Herr Doctor war großartig! Wer weiß, ob ich mich heute im Theater so gut unterhalten werde (Ab.)

15. Scene.

Montchevreuil allein, dann **Pamela**, dann **Hortensia**, dann **Champagnol.**

Montchevreuil. Es scheint, das allerschwerste für einen Mann in meiner Lage ist, seinen Gleichmuth zu bewahren! Nun ich war ruhig! Ich war großartig! Und wenn ich daran denke, daß meine Frau — meine Frau —! Jetzt bin ich ganz allein, jetzt kann ich es sagen, wie ärgerlich ich bin. Und so ein Mensch, wie dieser Droguet! Ich weiß nicht, was der Mensch in sein Taschentuch thut, aber ein Geruch ist hier — Droguet! der so dumm und so häßlich ist! — So ist die Liebe! — Blind!

Pamela. Gnädiger Herr, die Dame von vorhin ist wieder da!

Montchevreuil (hört nicht). Das ist die Liebe!

Pamela (zu Hortensia, welche eintritt). Geben Sie nicht Acht darauf, der Herr ist etwas zerstreut wegen seiner Frau. Es hat soeben einen Scandal gegeben. (Ab.)

Hortensia. Herr Montchevreuil, ich komme —

Montchevreuil. Aber ich! — Ich hätte doch auch meine Pflichten vernachlässigen können. Ich that es nicht — und widerstand!

Hortensia. Ich kann —

Montchevreuil (sieht sie). Ah, Sie sind es, meine liebe Forelle — ah, Baronin! Sie wissen es, wie ich widerstand!

Hortensia. Was ist Ihnen denn geschehen?

Montchevreuil. Denken Sie sich — meine Frau —

Hortensia. Ihre Frau — nun?

Montchevreuil. Nun — sie hat mich — nein — Ihre zarte Natur kann es nicht verstehen —

Hortensia. Nein gewiß nicht! — Sie hat sie betrogen?!

Montchevreuil. Ich wußte es ja — Sie würden es nicht verstehen!

Hortensia. Oh! Oh! Oh! Wie ist es möglich, daß es solche Frauen gibt! Oh!

Montchevreuil. Edle Seele! — Und doch gibt es solche Frauen.

Hortensia. Selbst in Paris?

Montchevreuil. Selbst in Paris!

Hortensia. Trösten Sie sich, das ist ein Unglück, welches beinahe nur den außergewöhnlichen Männern passirt.

Montchevreuil. Es sollen aber auch schon Dummköpfe betrogen worden sein!

Hortensia. Wäre es möglich? — Und dann, die Ehe ist ein Zustand der Illusion! Was träumte ich nicht alles vor meiner Verheiratung. Aber am Abend meiner Hochzeit kam mein Gatte zu mir mit allen Orden auf der Brust. „Dieses hier" sagte er, mir eines seiner Kreuze zeigend — „ist der Malthefer-Orden, dessen letzter Großmeister ich bin! Jetzt wissen Sie Alles!

Montchevreuil. Ganz richtig! Die Malthefer-Ritter hatten das Gelübde abgelegt, Fräulein zu bleiben — und dann?

Hortensia. Ah, mein Freund (faßt seine Hand).

Montchevreuil. Frau Baronin, sagen Sie mir das nicht — das ist zu viel — Frau Baronin!

Hortensia. Und ich hatte ihn doch geliebt, wenn er gewollt hätte! Man ist so schwach, wenn man in Spanien geboren ist.

Montchevreuil. In dem Land liebt man wohl glühend.

Hortensia (an ihm lehnend). Oh, rasend!

Montchevreuil. Wahrscheinlich das Clima, Frau Baronin, Frau von Valminet — Ah!

Hortensia. Was ist Ihnen denn?

Montchevreuil. Ich, ich fühle das Feuer von Andalusien in mir, die Seele fließt mir über von Castagnetten und Guitarren! Ah! Frau Baronin, wenn ich mich nicht zurückhalte, so fühle ich, daß ich eine Dummheit begehen könnte — ich könnte Sie entführen!

Hortensia. Das nennen Sie eine Dummheit? Oh!

Montchevreuil (verwirrt). Oh Verzeihung, Verzeihung — das fuhr mir nur so heraus. — Aber das zeigt Ihnen, wie aufrichtig ich bin!

Hortensia. Das weiß ich! Ich kam eben, um Ihnen zu sagen, daß ich abreise; ich werde auf einige Tage nach Fontainebleau gehen!

Montchevreuil. Nach Fontainebleau! Sie gehen nach — Nun? warum kann ich nicht auch gehen? (Als hätte er plötzlich einen großen Entschluß gefaßt.) Hören Sie mich an, Frau Baronin: Sie erinnern sich dessen, was Sie mir vorhin sagten?

Hortensia. Aber. —

Montchevreuil. Suchen Sie nicht — ich werde es Ihnen sagen. Sie sagten: „wenn ich je eine Schwachheit verstehen würde, so wäre es für einen Mann, der mich trösten könnte, ein ernster Mann, ein außergewöhnlicher Mann — aber —" fügten Sie hinzu — „ich werde ihn nie finden."

Hortensia. Und Sie antworteten: Wer weiß? Das hindert mich aber nicht, ein Ideal zu haben, auch wenn ich ihn finden sollte!

Montchevreuil. Nun, sagen Sie ein Wort, Frau Baronin, — und dieser ernste Mann — dieser außergewöhnliche Mann — liegt zu Ihren Füßen — als Ihr Sclave!

Hortensia (widerstrebend). Nein, nein! Ach Gott — und doch — ein Mann wie Sie — einen außergewöhnlichen Mann, der in guten Verhältnissen lebte — wie würde ich ihn um seiner selbst willen lieben! — Aber es ist unmöglich — ich gehe!

Montchevreuil. Erlauben Sie mir, Ihnen zu folgen.

Hortensia. Sie denken doch nicht ernstlich daran? — Ich gehe zu meinem Onkel – zu meiner Familie.

Montchevreuil. Thun Sie das nicht — mein Leben hängt davon ab.

Hortensia (hingebend). Ah! ich fühl im Voraus, daß ich verloren bin!

Montchevreuil. Also ich darf Sie begleiten? Nur bis zur Eisenbahn — nur bis zur Bahn!

Pamela (tritt ein). Gnädiger Herr, Herr Champagnol wünscht Sie zu sprechen!

Hortensia (bei Seite). Mein Mann! (Laut) Ich will nicht gesehen sein!

Montchevreuil. Durch die Kanzlei, gehen wir durch die Kanzlei! (Läßt sie vorausgehen.) Ach, ich folge Ihnen!

Champagnol (im Hintergrund). Verzeihen Sie, wenn ich störe — ich kam —

Montchevreuil. Verzeihen Sie mir, ich bin nicht da — kommen Sie morgen wieder! (Bei Seite im hinausgehen.) Endlich bin ich geliebt! (Durch die Kanzlei ab.)

16. Scene.

Champagnol allein.

Champagnol. Dummer Kerl! Ich kam ihm zu sagen, daß ich meine Frau wieder gefunden habe! Heute Abend in Fontainebleau werde ich sie erwischen mit ihrem Geliebten! (Sieht auf die Uhr.) Also der Zug geht 5 Uhr, jetzt fehlen noch 10 Minuten — wenn ich einen Wagen nehme, komme ich noch zurecht. (Ab.)

A c t u s.

Zweiter Akt.

Gaſtzimmer im Gaſthofe „zum Einhorn" zu Fontainebleau. Offener Ausgang in der Mitte, zu jeder Seite drei Thüren, die von 1 bis 6 numerirt ſind.

1. Scene.

Madame Peteran, Loulou, Hausknecht mit Koffern geht über die Bühne, einige Gäſte.

Loulou, (Gäſte begleitend, die eben abgehen.) Sprechen Sie nur mit Mama wegen der Rechnung, das geht mich nichts an, mein Herr!

Madame Peteran (tritt aus Nr. 6). Was gibt's denn, Loulou, was iſt denn los?

Loulou. Die Gäſte von Nr. 6 verlangen eine Preis=ermäßigung.

Madame Peteran. Preisermäßigung? Warum? Gib mir die Rechnung! — Sehen wir einmal nach. — Diner 35 Francs. Zimmer 15 Francs. Service 4 Francs. Waldluft 8 Francs. — Das iſt ja beinahe geſchenkt! Und da ſehe ich aber — man hat ihnen gar nicht einmal die Kerze angerechnet! — Macht noch 3 Francs!

Loulou. Mama, der Herr ſagt, er habe die Kerze nicht benützt.

Madame Peteran. Nicht benützt? Dann iſt es ſein Schaden! Sich der Kerze nicht bedienen, heißt, den Gaſthof um ſeinen beſcheidenen Gewinn betrügen! 35 und 15 macht 50 — 54 — 67 mit dem Licht! — Sind es Engländer, Loulou?

Loulou. Ja, Mama!

Madame Peteran. Dann ſetze ich 70 hin — 70 — das klingt für einen Engländer wie 60! — (Zu Loulou.) Da gib ihnen die Rechnung — sieh', daß man gleich bezahlt und lasse Dich nicht in Erklärungen ein! —

Loulou. (Mitte ab.) (Ein Herr tritt ein.)

Madame Veteran. Wünschen?

Herr. Verzeihen Sie, Madame, ist Herr Martineau, der Sekretär des Polizeicommissärs noch nicht gekommen?

Madame Veteran. Martineau? Kommt alle Abend diniren, kommt alle Abend diniren, heute noch nicht gesehen, kommt aber sicher!

Herr. Gut, Madame, ich werde im Laufe des Abends wieder kommen, ich muß ihn durchaus sprechen — ich werde wiederkommen — Madame (grüßt und geht ab).

2. Scene.

Madame Veteran, Loulou, dann **Montchevreuil.**

Madame Veteran. Kommen Sie nur, mein Herr! (Zur eintretenden Loulou.) Loulou, der erste Stock ist ganz besetzt. — Nr. 5 ist auch genommen. So viel Gäste haben wir schon lange nicht gehabt!

Loulou Nur Herr Droguet kommt nicht!

Madame Veteran. Er scheint es nicht eilig zu haben, Dein Zukünftiger. Er hätte schon um 6 Uhr hier sein sollen! — Sollte man es glauben? 8 Uhr und noch kein Schwieger= sohn!

Loulou. Er wird den Zug versäumt haben

Madame Veteran. Was soll das heißen? — Den Zug versäumen! Wenn man das Glück hat, die Tochter der Madame Veteran, Ex=Marketenderin bei den 12 er Dragonern zu heiraten, versäumt man nicht den Zug! Bomben und Granaten! Nun, da wird es das letztemal sein — daß Du Dir einen Mann wählst, der Civilist ist! — Die ganze Garnison von Fontainebleau hätte sich glücklich geschätzt, Dich heiraten zu können! (Man läutet heftig.)

Loulou. Mama, man läutet auf Nr. 5.

Madame Veteran. Diese Nr. 5 ist langweilig! Es ist der Privatier, der vorhin aus Paris ankam mit einer Dame Geh' und sieh' nach, was diese Klette will!

Montchevreuil (von der Mitte, giftig). Haben Sie Zeit?

Madame Veteran. O ja!

Montchevreuil. Aber ich nicht!

Madame Veteran. Sie wünschen?

Montchevreuil. Seit einer Viertelstunde verlange ich schon das Giardinetto, Sie hören wohl nicht?

Madame Veteran. Nein, ich höre nicht!

Montchevreuil. Wenn man nicht hört, sagt man wenigstens: „Ich höre nicht!!" — Also ich bitte höflichst um das Giardinetto!

Madame Veteran. Sogleich mein Herr, sogleich! Man wird Sie sogleich bedienen. (Zu Loulou). Schnell das Stück alte Torte vom Sonntag, einen Apfel und Käserinde!

Loulou (ab).

Madame Veteran (bei Seite.) Der alte Kibitz muß noch ein Giardinetto haben und ich bin gar nicht vorbereitet (Ab.)

5. Scene.

Montchevreuil allein, dann **Madame Veteran.**

Montchevreuil. Wenn ich irgend welche Gewissens= bisse über diesen Gerechtigkeitsact, welchen ich vollbrachte, haben könnte — so würde diese bewunderungswürdige Frau, welche so zart und sittsam ist — und mein tadelloses Be= nehmen genügen, um sie mich vergessen zu lassen! (Zündet sich eine Zigarre an.) Die edle Spanierin kam nach Fontaine= bleau, um ihren Onkel, Herrn Martineau zu sehen. Er ist ein alter Spanier, von einer jener alten Familien, die bis — Gott weiß wohin zurückreichen - ja vielleicht noch weiter, — welchen die politischen Eruptionen seines Vater= landes zwangen, die Stelle eines Polizeisecretärs in Fon= tainebleau anzunehmen. In Paris, als ich zur Bahn komme, laufe ich zum Telegrafenamte und sende eine Depesche ab, das sieht besser aus; „Don Martino, Corregidor in Fontainebleau, heute Abend nicht à la disposicione de usted." — Das ist spanisch, und habe „Hortensia" unter= zeichnet, das ist eine spanische Finte! Der Zug war im Abfahren begriffen, — ich springe in einen Wagen I. Classe, wo ich s i e erblicke. — Sie war allein — als sie mich sah, stößt sie einen Schrei aus und wird ohnmächtig! Das edle Gemüth! — Aber sie kam gleich wieder zu sich! — —

Und sprachlos vor Glück blickte ich während der ganzen Fahrt in ihre spanischen Gluthaugen! Ich hätte nie gedacht, daß es auf der Fahrt nach Fontainebleau so hübsche Aussichtspunkte gäbe.

Madame Peteran. Ihr Giardinetto ist gleich bereit.

Montchevreuil. Sind Sie die Wirthin?

Madame Peteran. Zu dienen! Madame Peteran, Ex-Marketenderin der 12er Dragoner, 10 Jahre im Dienst, 4 Feldzüge, 3 Duelle, kann schwimmen.

Montchevreuil. Ah, und Sie haben die Armen verlassen?

Madame Peteran. Mit Auszeichnung in den Ruhestand versetzt, der Commandant wollte eine noch jüngere Marketenderin.

Montchevreuil. Nicht möglich.

Madame Peteran. Seitdem bin ich Besitzerin des Einhorn's, besonders empfohlen für junge Eheleute, 2—3 Tage lang ein entzückender Ort für Flitterwochen! — Ewige Erinnerung.

Montchevreuil. Ganz Recht! Ein Freund von mir hat eine Hotel-Rechnung vom Eichhorn unter Glas und Rahmen. Er sagt, es wäre seine theuerste Erinnerung! Sagen Sie mir, kennen Sie den Secretär des Polizei-Commissärs?

Madame Peteran Wohl!

Montchevreuil. Ein Spanier?

Madame Peteran. Spanier? Kenne ich nicht! — Habe im Leben nur einen Spanier gekannt und das war ein Portugiese.

Montchevreuil. Ein gewisser Martineau!

Madame Peteran. Martineau? Oh, Martineau kenne ich, kommt oft hieher.

Montchevreuil. Teufel! Ich möchte nicht von ihm gesehen werden.

Madame Peteran. Sie sind erst seit Kurzem verheiratet, das sieht man. Die jungen Ehemänner sind alle schüchtern — das muß man gewöhnen! Wie Sie mich hier sehen, bin ich schon 5mal verheiratet und habe mich erst beim 5. Male daran gewöhnt!

3

Montchevreuil. Ich verlasse mich auf Sie!

Madame Veteran. Das bin ich, zart — und energisch!

4. Scene.

Vorige. Loulou.

Loulou. Mama! Mama! Gäste, die Zimmer verlangen! (Trägt das Giardinetto nach Nr. 5.)

Madame Veteran. Komme gleich!

Montchevreuil. Ihr Fräulein Tochter?

Madame Veteran. Zu dienen! In St. Denis erzogen.

Montchevreuil. Im Kloster?

Madame Veteran. In der Festung! — Im Marketenderzelt der Dragoner! — Kennt jedes Signal der Dragoner, Wartung der Pferde ꝛc — ganz wie ein Fräulein der großen Welt!

Loulou (kommt zurück, zu Montchevreuil). Die Dame wünscht den Herrn zu sprechen.

Montchevreuil. Sogleich, ich komme! (Im Abgehen.) Meine Forelle! (Ab.)

Madame Veteran. Schnell — eine Forelle für den Herrn!

Loulou. Aber wir haben ja keine Mama!

Madame Veteran. So nimm unsern Goldfisch — gebacken sieht man nicht, was für ein Thier es ist.

Loulou (ab).

5. Scene.

Madame Veteran, dann **Jules, Paul, Lucien, Ida, Minette, Gustave, Rosine, Estella, Loulou.**

Madame Veteran. Wo sind denn Deine Reisenden?

Loulou. Hier, Mama. (Ab).

Jules. Nun endlich — das scheint ein ruhiges Haus zu sein! — Wir suchen ein ruhiges Haus, Madame, haben Sie Zimmer?

Madame Veteran. Oh, ah! Verstehe, Hochzeitsreise ohne Zweifel?

Ida. Ja, wir sind seit heute Morgen verheiratet! (Sich und die anderen Mädchen vorstellend.) Vier Schwestern Durand!

Paul. Wir 4 Brüder Dubois.

Madame Veteran. Das nenne ich eine practische Eintheilung! Da haben Sie alle vier nur eine Schwieger= mutter? (Bei Seite.) Nicht dumm für Civilisten!

Minette. Wir sind schon in allen Gasthöfen der Stadt herumgelaufen — Alles besetzt!

Paul. In einem Hotel hätten wir Zimmer bekommen — da gab's wieder nichts zu essen!

Madame Veteran. Verstehe das! Sie wollen ohne Zweifel diniren, soupiren und so weiter? Ist Specialität meines Hotels! (Geht an die Tafel, bezeichnet mit einem Kreuz die zu besetzenden Zimmer.) Also wir haben die Nummer 1 und 3 hier, und die 2 und 4 gegenüber, da werden Sie zufrieden sein! (Zeigt auf die 4 Seitenthüren, die jungen Leute wollen hinein, sie hält sie auf.) Verzeihen Sie, meine Herrschaften, zu welchem Preise wollen Sie diniren, zu 10, 20 oder 50 Francs das Couvert?

Paul. Zu 20.

Madame Veteran. Noch Eines! — Wollen Sie Service zu 5 Francs? Sie werden schon ganz gut zu 3 Francs bedient, aber wenn ich rathen darf, nehmen Sie zu 5 Francs!

Paul. Nein danke — es genügt zu 3 Francs. — Kommt! (Alle 8 ab.)

Madame Veteran (mit Würde). Wissen nicht, was sie abschlagen! Beim Service zu 3 Francs — kommt jedes Gericht kalt! (Man läutet auf 5.) Man läutet auf 5 — was will denn der schon wieder? (Ab.)

6. Scene.

Droguet, Heloise.

Droguet (vorsichtig eintretend, gibt seinen Brautkranz zu Heloise). Ich bitte Sie gnädige Frau, folgen Sie mir nicht, zeigen Sie sich nicht, ich möchte nicht, daß meine künftige Schwiegermutter Sie sehe! Ihr Mann hat uns gezwungen,

3*

zusammen fortzugehen; wir sind gegangen, da er jetzt nicht mehr da ist, trennen wir uns!

Heloise. Ich verlasse Sie nicht, bis Sie mir Adalbert gefunden haben.

Droguet. Aber seit 2 Stunden laufen wir ja von einem Kaffeehaus zum anderen, ohne ihn zu finden!

Heloise. Finden Sie ihn wo anders, sonst verlasse ich Sie nicht!

Droguet. Sie wollen mich also unglücklich machen? Sie können doch nicht bei einer Wirthin bleiben, deren Tochter ich heiraten werde! Wenn Sie bleiben will ich meiner Schwiegermutter lieber gleich Alles sagen! Ich werde sagen, daß ich Sie nicht kenne.

Heloise. Und wenn Sie ihr das sagen, so werde ich Ihnen um den Hals fallen, um Sie zu compromittiren.

Droguet. Das wäre ein schlechter Spaß, den ich mir verbieten müßte!

Heloise. Auf diese Weise werde ich Sie schon zwingen, Adalbert zu finden! — Gehen wir ihn suchen!

Droguet. Damit Madame Veteran uns zusammen erwischt — den Abend vor der Hochzeit! — Vollgepackt wie ich bin, soll ich da in Fontainebleau herumlaufen! (Zeigt den Brautkranz unter dem Glassturz.) Ah, und meine arme Forelle! Sie Madame sind Schuld daran, daß ich dieses Säugethier im Waggon ließ. Und ich muß meine Forelle haben! Ich muß auf die Station gehen.

Heloise. Ich folge Ihnen! (Man hört Madame Veteran's Stimme auf Nr. 5.)

Droguet. Wenn meine Zukünftige Sie mit mir sieht! (Geht an die Tafel.) Ah, Nr. 6 ist frei! (Nach vorne.) Nr. 6 — da! Bitte gehen Sie hinein, gnädige Frau, gehen Sie hinein. (Zeigt nach Nr. 6.) Wollen Sie diniren?

Heloise. Ich denke nicht an's Essen!

Droguet (sieht eine Melone auf dem Tisch). Das ist egal! Bitte nehmen Sie diese Melone, sie wird Ihnen einstweilen Gesellschaft leisten. (Gibt sie ihr.)

Heloise. Ja, aber Sie bringen mir Adalbert! (Geht in's Zimmer Nr. 6.)

Droguet. Ich verspreche es Ihnen! — An der Spitze seiner Compagnie! — (Schließt die Thür.) Daß mir so etwas passiren muß am Tage meiner Hochzeit! (Mitte ab.)

7. Scene.

Madame Veteran, Montchevreuil, dann Hortensia.

Madame Veteran (aus Nr. 5). Verstanden! Werde den Thee in Ihrem Zimmer serviren!

Montchevreuil. Ja. Einstweilen werden wir einen kleinen Spaziergang machen! (Madame Veteran geht nach der Mitte.) Welche Frau! Welche anbetungswerthe Frau! Beim Dessert erlaubte sie mir, ihre Hand zu küssen und ich habe es gethan — wie man nur in Spanien die Hand küßt! Süße Forelle — und welch' zarte Hand sie hat! (Zu Madame Veteran) Ich habe zwei Zigarren genommen, die werden auf meine Rechnung gesetzt.

Hortensia (tritt auf).

Madame Veteran. Eher zweimal wie einmal!

Montchevreuil (Hortensia aufhaltend, die in ihre Taschen greift) Was wollen Sie thun, Baronin?

Hortensia. Ich suchte meine Handschuhe, mein Freund!

Montchevreuil. Nein, Sie suchten nicht Ihre Handschuhe, Hortensia, ich weiß, was Sie suchten? Sie hörten mich von Rechnung sprechen und Sie holten Ihr Portemonnais, um das Diner zu bezahlen?

Hortensia. Ich!?

Montchevreuil. Sagen Sie nicht nein! Sie sind eine rechte Frau von Welt, Baronin! Aber ich nehme es nicht an! Diese noblen Gewohnheiten sind noch nicht in die Bürgerkreise gedrungen! (Hängt ihr den Mantel um)

Hortensia (die Handschuhe anziehend). So, gehen wir jetzt mein süßer Freund!

Montchevreuil (verliebt). Sagen Sie nicht solche Sachen Baronin! Baronin — Sie wissen nicht, was das für einen Eindruck auf mich macht! Ich bin ganz weg!

Hortensia (lächelt). Wirklich?! (Schließt die Augen, lehnt den Kopf an seine Schultern.)

Montchevreuil. Sie zittern! Seien Sie stark, Baronin! — Hortensia, anbetungswürdige Frau — (verliebt).

Zittern Sie nicht, das erschreckt mich! Ich leide so schon
an schlechter Verdauung! (Kommt wieder näher.) Sagen Sie
mir, daß Sie glücklich sind, hier in Fontainebleau zu sein!

Hortensia. Oh ja, glücklich, sehr glücklich!

Montchevreuil. Und Sie bereuen nicht, Ihre Tante
verlassen zu haben? — Hortensia — um mit mir -
(Singt falsch.) „Durch die Wälder, durch die Auen!" Sagen
Sie, bereuen Sie es nicht?

Hortensia. Oh, Sie lieber alter Schneck! (Besinnt sich.)
Verzeihung — ich vergaß --

Montchevreuil. Nein, nein nur weiter! Ich weiß,
das ist eine alte spanische Wendung. Ich liebe diese Aus-
drücke voll Poesie. — Sie erinnern uns an die Zeit, da
die feinen Wendungen im Gespräche — die ungezwungene
Höflichkeit und das vertrauliche — (findet den Schluß des Satzes
nicht) durch die — Erinnerung!

Hortensia. Wie Sie es verstehen, die einfachsten
Sachen so gut zu sagen!

Montchevreuil. Das ist natürlich bei mir, ich suche
gar nicht — es ist natürlich!

Hortensia. Diese Natürlichkeit liebe ich an Ihnen —
dann außer der Pikanterie Ihrer Gesichtszüge, — denn Sie
haben einen griechischen Typus — besonders die Nase -
schätze ich noch den Geist, den Sie besitzen.

Montchevreuil. Der Geist - Sie finden. Ja, ja es
ist schon möglich! — Was wollen Sie — man hat
ihn eben.

Hortensia. Ich fühle, daß Sie der Mann wären,
mir mein Ideal -- das ich doch nie finde — zu ersetzen!
Ich würde den Einwendungen meiner Familie trotzen.

Montchevreuil. Und der Hidalgo, Ihr Onkel?

Hortensia. Ja, mein Onkel! Ach, der arme Mann
hatte Recht, als er in meine Heirat nicht einwilligen wollte
— er hat meinen Mann nie sehen wollen. Er sagte es mir
voraus — daß mein Mann mich nicht verstehen würde —
er prophezeite mir Alles!

Montchevreuil. Und Sie haben Ihren Mann wirklich
nie geliebt?

Hortensia. So wahr ich eine Spanierin bin, ich schwöre es Ihnen.

Montchevreuil. Wirklich? Wo ist Ihr Mann, daß ich gehe und ihn umarme!

Hortensia. Was haben Sie denn? Welch' ein Enthusiasmus!

Montchevreuil. Ich muß ihm ja danken, daß er nicht im Stande war, Ihre Seele zu fesseln — daß ich — der verrathen von seiner Frau Hilfe und Glück suchend, sich wie ein zarter Epheu an seine Forelle schmiegen kann.

Hortensia (die Augen gesenkt). Oh mein Freund! Welch' blüthenreiche Sprache!

Madame Peteran (ist schon etwas früher aufgetreten, das Meldebuch in der Hand). Mein Herr?

Montchevreuil. Was gibt es?

Madame Peteran. Wollen Sie so gut sein und Ihren Namen, sowie denjenigen von Madame einzuschreiben — das Gesetz erfordert es.

Montchevreuil. Ich kenne das Gesetz, Madame!

Madame Peteran Es ist eine sehr gute Sicher=heitsmaßregel! Aber Sie können auch einen falschen Namen schreiben, das thun alle Passagiere.

Montchevreuil. Ich nicht — ich bleibe stets bei der Wahrheit! Ich werde meinen Namen schreiben — ich brauche nicht zu erröthen. (Schreibend). Baron und Baronin von Balminet.

Madame Peteran (bei Seite). Baron — der dürfte wohl seit langer Zeit der Einzige sein, der es wirklich ist!

Hortensia (zu Madame Peteran). Nicht wahr, es ist gut, den Mantel zu nehmen? Wir gehen etwas spazieren.

Madame Peteran. Ja, Madame, Sie haben Recht, Abends ist die Luft hier recht kühl!

Montchevreuil. Da, meine Liebe, hüllen Sie sich gut ein! Ach, wäre ich dieser Mantel!

Hortensia (vorwurfsvoll). Mein Freund, mein Freund!

Montchevreuil (schlägt seinen Rockkragen auf). Ah, Ver=zeihung! Ich vergesse immer, daß Sie eine Blume sind, deren Duft man nicht erröthen machen darf. (Beide ab).

Madame Veteran (allein). Was man in einem Hotel nicht alles zu hören bekommt. Er spricht wie ein Dichter! Nun ja — neu verheirathet — nach einigen Wochen werden sie anders mit einander reden. — Das ist eben die Liebe. (Ab).

8. Scene.

Heloise (von Nr. 6, sieht sich vorsichtig um), dann **Droguet.**

Heloise. Droguet kommt noch nicht! Wird er Adalbert finden? — Ich möchte ihm meine Meinung sagen, dem Herrn! — Er soll sich nur nicht einbilden, daß ich ihn je geliebt habe!

Droguet. Wie? Sie sind herausgekommen? Zeigen Sie sich nicht, Unglückliche! Wissen Sie, was vorgeht, wissen Sie, wen ich gesehen habe?

Heloise. Nein, wen?

Droguet. Ihren Mann, Herrn Montchevreuil! Ich habe zwar nur seinen Rücken gesehen, aber das genügte. Er ist uns sicher nachgereist, um sich, wie er glaubt, an unserer Angst weiden zu können.

Heloise (immer noch an der halb geöffneten Thüre). Nur Muth! Suchen wir einen Ausweg!

Droguet. Nur Muth! Es ist zwar nachgewiesen, daß Napoleon in den ärgsten Lagen die erstaunlichsten Genie-streiche ausdachte. Aber ich bin kein Napoleon. (Nachdenkend.) Nun wenn sich Napoleon zwischen der Frau eines Notars und dem Gatten der Frau dieses Notars befunden haben würde, was hätte Napoleon gethan?

Heloise. Nun?

Droguet. Nun er hätte sicher Fontainebleau Adieu gesagt — — (will gehen). Und ich werde dasselbe thun, gute Nacht!

Loulou (draußen). Hier mein Herr, hier.

Droguet. Um Gotteswillen, meine Zukünftige! Das auch noch! (Zu Heloise.) Gehen Sie hinein, damit sie Sie nicht sieht!

Heloise (abgehend). Himmel! Dieser Droguet geht mir an die Nerven!

Droguet. Nun ja! Ich will mir nicht vor der Hoch-zeit die Augen auskratzen lassen.

9. Scene.

Droguet. Loulou.

Loulou. Droguet — da sind Sie ja! Sie sind mir ein netter Mensch!

Droguet. Ich fühle mich geschmeichelt, daß Sie das sagen, Loulou, nur bitte ich Sie, nehmen Sie mir den Myrthenkranz ab! Ich verstehe jetzt, warum so viele Fräuleins ohne diesen Kranz heiraten, es gibt nichts Ungeschickteres. (Gibt ihr den Sturz mit dem Kranz.) Und jetzt lassen Sie sich umarmen!

Loulou (gibt den Sturz auf einen Tisch). Noch nicht, mein Herr, noch nicht! Morgen nach der Hochzeit!

Droguet (zärtlich). Einen Vorschuß, Loulou, einen ganz kleinen Vorschuß!

Loulou (hält die Wange hin). Nun so nehmen Sie ihn, Herr Droguet.

Droguet (küßt sie). Lieben Sie mich wirklich, Loulou? Haben Sie an mich gedacht seit gestern Abend?

Loulou. Ah, dazu hatte ich keine Zeit, Herr Droguet, ich war die ganze Nacht nicht im Bette!

Droguet. Wie, was? Sie haben nicht geschlafen?

Loulou. Ja, wegen dem Hochzeitsessen, man mußte sich doch damit beschäftigen!

10. Scene.

Vorige. Madame Veteran.

Madame Veteran. Ah, Droguet, da sind Sie ja! Schönes Benehmen am Vorabend Ihrer Hochzeit! — Compliment! — Wenn ich das gewußt hätte, hätten Sie meine Tochter nicht gekriegt!

Droguet. Ah, Sie wissen, die Geschäfte —

Madame Veteran. Kümmern mich nicht die Geschäfte! Beim Zapfenstreich muß man da sein! Hochzeit geht vor dem Geschäfte.

Droguet (zeigt auf Loulou). Gestatten Sie, theure Schwiegermama, meiner Braut einen jungfräulichen Kuß zu geben?

Madame Veteran. Nun, meinetwegen! — Achtung, Loulou, stillgestanden! (Loulou stellt sich militärisch zu Droguet.) Küssen Sie, Feuer!

Droguet (küßt Loulou).

Madame Veteran. Das war nichts werth! Küssen Sie nochmals, Feuer! (Küßt sie.) Einfältiger Civilist, kann noch nicht einmal küssen!

Loulou. Oho Mama, er küßt ganz gut!

Madame Veteran. Was verstehst denn Du?

Droguet. Sagen Sie mir einmal, Schwiegermama, nicht wahr in Zukunft darf ich aber küssen — ohne Kritik?!

11. Scene.

Vorige. Champagnol, Martineau.

Champagnol (kommt eilig herein, läuft auf Madame Veteran zu). Verzeihung Madame —

Droguet. Sapristi! Champagnol!

Champagnol. Diesmal habe ich sie! Ein Wort ich bitte: — Die Dame, welche vor einigen Minuten mit einem Herrn fortging — (spricht leise zu Madame Veteran).

Droguet (für sich). Wenn er Montchevreuil sagt, daß er mich gesehen hat, so wird meine Heirat zu Wasser. — Kommen Sie, Loulou, kommen Sie! Ich habe eine Forelle gekauft! (Mit Loulou Mitte ab.)

Madame Veteran (zu Champagnol). Richtig! — (Zu Martineau) Oh, guten Tag, Herr Martineau! (Zu Champagnol.) Nein, was Sie sagen wollen — Dame, nicht übel — ist soeben mit ihrem Gemahl ausgegangen.

Champagnol. Den Mann habe ich nicht bemerkt, nur die Frau — mir schien — als wäre es meine Frau!

Martineau. Aber nein, Sie hören ja —

Madame Veteran. Haben sich geirrt! Das ist ein unverheiratetes Paar — haben ihren Namen angegeben.

Martineau (zu Champagnol). Wenn man Ihnen schon sagt, daß es nicht Ihre Frau ist!

Champagnol. Aber es schien mir doch so!

Martineau. Es scheint Ihnen immer! Sie kommen nach Fontainebleau um Ihre Frau zu erwischen: Ich habe zwar meinen Abschied genommen, bin nicht mehr activ, aber diese Ehemänner=Geschichten amüsiren mich immer!

Campagnol. Was wollen Sie. Seit 2 Stunden laufen wir in allen Hotels herum, wir haben schon 6 Frauen erwischt!

Martineau. Und nie ist es die Ihrige!

Champagnol. Ich habe kein Glück! Gehen wir!

Madame Peteran (die Tische ordnend). Die Herren speisen nicht?

Martineau. Ich sterbe vor Hunger!

Champagnol. Ich brauche Sie, darum kann ich Sie nicht Hunger sterben lassen. Wir können immerhin etwas essen, wir suchen meine Frau später weiter!

Madame Peteran (einen Tisch deckend). Wollen die Herren sich setzen? Werde gleich serviren!

Champagnol. Mit Vergnügen!

Madame Peteran. Was nehmen die Herren?

Champagnol. Das ist einerlei! Haben Sie Melone?

Martineau. So ist's recht, geben Sie uns zuerst Melone!

Madame Peteran. Schien mir doch, als hätte ich eine hieher gelegt! Loulou! Loulou! Und Droguet? Wo steckt er denn?

Champagnol. Bringen Sie die Melone, wir werden einstweilen das Menu machen. (Nimmt die Speisekarte.)

Madame Peteran (ab).

Champagnol. Also Suppe, welche Suppe, Martineau?

12. Scene.
Champagnol, Martineau.

Martineau (ohne ihn anzusehen, liest eine Depesche). Ist mir egal.

Champagnol (bemerkt es). Was lesen Sie da?

Martineau. Eine Depesche, die ich erhalten habe, eine spanische Depesche von einer Dame, die hieher kommen sollte und nicht kommen wird. (Liest.) „Heute Abend nicht à la disposition de ustad" — aber warum auf spanisch?

Champagnol. Eine Dame! Wie Sie ein Polizei=Secretär?

Martineau. Ah was, ich habe ja meinen Abschied genommen! Und dann — es ist ein Abenteuer, ich kenne die Dame kaum, wir saßen einmal in der Oper nebeneinander. Ich schwärme für Abenteuer!

Champagnol. Diese Ideen haben Ihnen gewiß in Ihrem Berufe geschadet.

Martineau. O, das war es nicht, was mir geschadet hat! Aber vor 14 Tagen ist hier ein Verbrechen verübt worden, ich hatte die Dummheit begangen, den Schuldigen zu erwischen und da sagte man, ich wäre zu eifrig und ich mußte in Pension gehen! Jetzt bin ich frei und sage nichts als: „Hoch die Frauen!" Champagnol!

Champagnol. Außer — die meine!

Martineau. Oh, wenn man die Frauen leben läßt, so ist die eigene nie inbegriffen!

Champagnol. Es ist komisch, daß ich sie nicht finde! Wir waren doch schon überall? (Zieht einen Führer aus der Tasche, blättert darin.) Beim schwarzen Adler? Hotel de Princes? Ja! Beim Hirschen? Nein da waren wir noch nicht!

Martineau. Das ist gegenüber!

Champagnol. Also gehen wir! Wenn meine Frau irgendwo abgestiegen ist, so ist es sicher im Hirschen. Sie hat eine Vorliebe für dieses Thier.

Martineau. Ah, wir gehen nach dem Essen!

Champagnol. Nein, nein, gehen wir gleich jetzt, ich habe Eile!

Martineau. Sehr unangenehm! Also gehen wir und eilen wir uns!

Madame Veteran (bringt die Melone). Da ist die Melone. Nun, die Herren gehen? Diniren Sie nicht?

Champagnol. Ja, ja, nur so viel Zeit um meine Frau zu erwischen und wir kommen wieder!

Madame Veteran. Wenn aber nicht?

Champagnol. Dann kommen auch! Kommen Sie, kommen Sie Martineau! (Beide ab.)

Madame Veteran. Was könnte ich denen nur zu essen geben? Bah, das Diner von der table d'hote! Suppe, Karpfen a la Fontainebleau, eine Speise, die mein Hotel berühmt machte! Ich mache sie aus Kalbfleisch, weil es jetzt verboten ist zu fischen. Apropos Karpfen — wo ist denn meine Forelle?

13. Scene.

Madame Veteran, Droguet, Loulou.

Madame Veteran. Ah, da sind Sie! — Nun, und meine Forelle?

Droguet. Ah, meine schöne Forelle! — Ich habe sie im Zug vergessen!

Loulou. Man muß telegrafiren.

Droguet (zu Madame Veteran). Ich habe telegrafirt, Schwiegermama. Man hat sie bis Monteran verfolgt, dort aber ihre Spur verloren — sie ist entwischt — aber —

Madame Veteran. Entwischt! Ah, wie man so ungeschickt sein kann. (Ab.)

Droguet. Also fahren wir fort Loulou — (Küßt sie.) Als Ihre Mutter uns störte, wo waren wir gerade geblieben?

Loulou. Sie sprachen von den Momenten im Leben der Völker, Herr Droguet.

Droguet. Es gibt nämlich Momente im Leben der Völker — und auch in dem Leben eines Advokaten-Schreibers. — Sagen Sie einmal, Loulou, gibt Schwiegermama die Mitgift sogleich mit?

Loulou. Das ist nicht schön von Ihnen — Sie zweifeln?

Droguet. Ich? Aber gar nicht, Loulou. — Ich liebe und achte Ihre Mutter, nur möchte ich nicht, daß sie mich betrügt!

Loulou. Herr Droguet, Sie lieben mich nicht!

Droguet (umarmt sie). Aber ja, Loulou — geben Sie mir noch einen Vorschuß und fahren wir fort: Sehen Sie, es gibt Momente im Leben der Völker — (Lärm draußen.) Was gibt es denn schon wieder?

Loulou. Das ist Mama's Stimme! (Geht mit Droguet nach rückwärts und schaut hinaus.)

Droguet (für sich). Sapristi! Sie spricht mit Montchevreuil! (Zeigt auf Nr. 6.) Und die andere Klette ist dort; meiner Treu, ich werde ihr noch eine Melone bringen. Vermeiden wir die Familienscenen. (Nimmt die Melone und geht auf Nr. 6 ab.)

Loulou (rückwärts geblieben, schaut sich um). Es ist nichts — es ist Mama mit einem Fremden. — Herr Droguet! — Wo ist er denn schon wieder hingekommen!

14. Scene.

Loulou, Madame Veteran, Montchevreuil, Hortensia.

Hortensia (tritt eilig ein, von Montchevreuil und Madame Veteran gefolgt). Ah mein Freund, mein Freund!

Montchevreuil. Baronin was haben Sie denn?

Madame Veteran. Was ist denn, was ist denn?

Hortensia. Mein Mann!

Madame Veteran (zeigt Montchevreuil). Nun, da ist er ja, Ihr Mann!

Hortensia. Nein, der andere, er ist auf unserer Spur!

Madame Veteran. Weiß schon, was es ist — Weiber= geschichten! (Zu Loulou) Loulou, verschwinde!

Loulou (ab).

Montchevreuil. Sprechen Sie, Baronin — Sie haben Ihren Gatten, den Baron gesehen?

Hortensia. Ja, in der Thür des Hotels gegenüber standen zwei Herrn — einer davon war er.

Madame Veteran. Kenne das, kommt alle Tage vor — hat Sie wenigstens nicht erkannt, Ihr Alter?

Hortensia. Mein Alter, der Baron? Ich glaube nicht?

Montchevreuil. Aber wenn er hieher kommt, darf er Sie hier nicht finden!

Madame Veteran. Aengstigen Sie diese Dame nicht unnöthig! (Zu Hortensia.) Gehen Sie schnell dort hinein, schnell, schnell! (Führt Hortensia auf Nr. 5, zu Montchevreuil.) Kennen Sie den Baron?

Montchevreuil. Nein, ich habe ihn noch nie gesehen!

Madame Veteran. Da er Sie nicht kennt, bleiben Sie hier und thun Sie nichts dergleichen, singen Sie — machen Sie, als wären Sie recht lustig! Durch Aengstlich= keit würden Sie sich verrathen!

Montchevreuil (singt). So lebe wohl — es wär' zu schön gewesen! Nein nicht diese Arie, die ist zu traurig -

und auch zu unbekannt! (Singt.) „Fischerin Du kleine —
fahre nicht alleine". — Ich habe noch nie weniger Stimme
gehabt!

15. Scene.

Vorige. Champagnol, Martineau.

Madame Peteran (im hinausgehen). Ah, es sind die
Herren! Haben Sie das Menü schon gemacht?

Champagnol. Nein, geben Sie uns, was Sie wollen,
es ist uns egal!

Madame Peteran. Gut, mein Herr! (Bei Seite.)
Da ich keine Forelle habe, kommt mein berühmter, kälberner
Karpfen. (Ab.)

Champagnol. Also sie war nicht im Hirschen!

Martineau. Es war nicht der Mühe werth, unser
Diner zu verlassen.

Champagnol (hat das rückwärts liegende Meldebuch durch=
gesehen). Ha! Baron und Baronin Valminet! Das ist er
und sie, meine Frau und ihr Geliebter! — Sie sind hier,
wir haben sie! (Sieht Montchevreuil der mit den Händen auf
dem Rücken singend auf und ab geht.) Sieh da — Herr
Montchevreuil, welches Zusammentreffen!

Montchevreuil (dreht sich um). Champagnol! Wie,
Sie sind es? Wenn Sie wüßten, wie Sie mir Angst
gemacht haben?

Champagnol. Ich, wie so?

Montchevreuil (sieht die Brautkrone auf dem Tisch rechts
— nimmt ein paar Blüthen, thut sie in ein Glas, füllt Wasser dazu
und trinkt.) Denken Sie sich — wie dumm! Ich dachte es
sei der Mann!

Champagnol. Welcher Mann? Sie sehen ja ganz
verstört aus, was haben Sie denn?

Montchevreuil. Es ist auch danach. — Sie sind ein
Gentlemen — man kann Ihnen alles sagen. Ich bin mit
einer Frau hier, einer verheirateten und der Mann hätte uns
beinahe erwischt!

Champagnol. Sie auch? (zu Martineau.) Er auch!

Montchevreuil. Aber warum sagen Sie: Ich auch!

Champagnol. Weil ich meine Frau auch erwischt habe — das heißt — ich werde sie erwischen. — Sagen Sie mir, es wäre gut für mich, wenn ich das „in flagranti" durch Zeugen bestätigen könnte — nicht?

Montchevreuil. Und reichen dann eine Gegenklage auf Ehescheidung ein? Das wäre ausgezeichnet!

Champagnol. Das macht sich ja sehr gut! — Sie ist hier mit ihrem Seladon!

Montchevreuil. Hier? Warum nicht gar?

Champagnol. Wirklich! Ich habe ihre Namen im Meldebuch gelesen — Baron und Baronin Valminet.

Montchevreuil. Valminet! (Bei Seite.) Sapristi, das war seine Frau! (Laut) Valminet, Valminet, — sind Sie sicher?

Champagnol. Ob ich es bin!

Montchevreuil (bei Seite). Hortensia wäre seine Frau? Die Forelle? — Unmöglich!

Champognol (zu Martineau, der sich gesetzt hat). Ich sagte Ihnen ja, daß wir sie doch noch finden würden! — Sie sehen ich bin geschickter wie Sie — ein Polizei-Secretär.

Montchevreuil (bei Seite). Er hat sich gleich die Polizei mitgebracht! Entsetzlich!

Champagnol (zu Martineau). Erlauben Sie mir, Ihnen Herrn Montchevreuil, Advokat — vorzustellen — Herr Martineau, Secretär des Polizei-Commissärs zu Fontainebleau.

Montchevreuil (bei Seite). Martino! Der Spanier, der Onkel Hortensia's! Mit dem Onkel und dem Mann — welche Familienscene, wenn sie sich hier treffen!

Champagnol (jubelnd) Ich werde sie also erwischen, meine Frau, Madame Champagnol!

Montchevreuil. Aber so schreien Sie doch nicht so Ihren Namen! Sie thun ja, als ob Sie sich rühmen wollten!

Champagnol. Ich rühme mich dessen nicht, aber ich will sie erwischen — wir werden das ganze Hotel durchsuchen!

Martineau. Oh, nach dem Essen — nach dem Essen!

Montchevreuil. Der Herr hat Recht — diniren wir zuerst — (bei Seite) ich zum zweiten Male! Aber ich werde

sie Beide betrunken machen und dann kann Hortensia ent=
entwischen. (Laut.) Sagen Sie, wie wäre es, wenn wir einen
kleinen Wein nähmen — etwas — so was?

Martineau. Schon gut!

Montchevreuil. Also! (Läutet, bei Seite.) Hotensia —
die Frau von Champagnol! — Das werde ich ihr nie
verzeihen!

Madame Peteran. Die Herren haben geschellt?

Martineau. Noch ein Convert.

Montchevreuil. Sagen Sie, was für Weine haben Sie!

Madame Peteran. Wir haben St. Julien zu 10 —
Chateau Margot zu 5 — Bordeaux zu 3 Francs und
Tischwein zu 30 Sous — der hat aber einen leichten Holz=
geschmack. Ich sage Ihnen sonst nichts.

Champagnol. Holzgeschmack — das könnte fehlen!
Bringen Sie Margot!

Montchevreuil. Ah, ich bin es, der heute Abend
einladet!

Champagnol. Das werden Sie nicht thun — ich
bin es!

Montchevreuil. Doch, doch, ich bin es, abgemacht!
Also keinen Holzgeschmack! (Leise zu Madame Peteran.) Aber
auch keinen zu 10 Francs.

Madame Peteran. Sehr wohl! (Bei Seite.) Ich bin
nicht in Verlegenheit — ich werde mischen!

Martineau. Lassen Sie die Melone bringen.

Madame Peteran. Wie so die Melone? Ich habe ja
schon zwei gebracht?

Montchevreuil. Wir haben sie aber nicht gegessen!

Madame Peteran. Ich weiß wirklich nicht, wohin
die Melonen verschwinden — das Schiff muß ein Leck
haben. (Ab.)

16. Scene.

Vorige, ohne Madame Peteran.

Martineau. Aber ich wollte eigentlich zahlen!

Champagnol. Keinen Ton! Martineau!

Montchevreuil (bei Seite). Er hat gesagt — Don Martino — er ist ihr Onkel, sie ist seine Nichte! Er muß sie retten! Ich werde ihn mit Liebenswürdigkeiten überschütten. (Laut.) Ach, wären wir jetzt in den Gärten des Alcazar! Ach! Spanien! Spanien! Welches Land, mein lieber Corregidor!

Martineau (essend). Ja gewiß, Spanien! (Bei Seite.) Warum nennt er mich denn Corregidor?

Champagnol. Martineau, nach dem Dessert werden wir meine Frau suchen! Ich brenne darauf!

Montchevreuil. Ist denn das gar so lustig für einen Ehemann, seine Frau zu erwischen?

Martineau. Für den Ehemann, nein! Aber für mich ist das sehr amüsant!

Montchevreuil (gießt ihm ein). Trinken Sie, Don Martino — Sie trinken ja nicht!

Martineau. Ich thue ja gar nichts Anderes, als trinken!

Champagnol. Aber ich bitte, nicht zu viel, damit Sie constatiren können!

Martineau (heiter). Soll ich Ihnen was sagen, Champagnol? Sie, der Ehemann, sind für mich gar nicht interessant — aber die Frau und der Geliebte interessiren mich — der Mann nie — niemals!

Montchevreuil. Er spricht gut, Champagnol!

Champagnol. Wie — ich wäre nicht interessant — ich?

Martineau. Nein, Sie sind die Prosa — die abscheuliche Prosa, der Naturalismus! Die Frau und der Geliebte sind die Poesie, der Roman, die Liebe! — Ich bin auf der Seite der Liebe. — Wissen Sie, was ich that, wenn ich von einem Ehemann, wie Sie, zu Hilfe gerufen wurde? — Nun ich ließ immer die Frau entwischen! Einmal habe ich sogar den Mann arretirt wegen nächtlicher Ruhestörung! — Der hat ein Gesicht gemacht!

Montchevreuil (küßt Martineau). Famos, lieber Don!

Champagnol (bei Seite). Wenn ich das gewußt hätte, wäre ich bei der Einladung vorsichtiger gewesen!

Montchevreuil. Der Alkade hat Recht — hat ganz Recht! (Leise.) Sie haben Recht, mein lieber Corregidor.

Martineau (bei Seite). Warum zum Teufel nennt der mich immer Corregidor? (Laut.) Auf die Liebe — die Liebe soll leben!

Champagnol. Nun ich habe schon viele Polizei=Secretäre gesehen — aber so einen noch nie!

17. Scene.

Vorige. Madame Veteran, dann Loulou.

Madame Veteran. Da ist noch ein Chauteau=Margot. Aber ich habe keine Melone mehr!

Martineau (immer heiterer). Ah, was — wir brauchen keine Melonen — blos Wein! Trinken wir, Champagnol!

Montchevreuil (bei Seite). Der hat eine gute Hand zum Trinken, der Spanier, ich hätte ihn eher für einen Russen gehalten! (Laut.) Sagen Sie mir, nobler Castillaner, können Sie den Fandango tanzen? — Noch ein Glas, Don Martino! Auf die Gesundheit des alten Spaniens!

Champagnol. Wie Sie nur so auf die Gesundheit des alten Spaniens trinken können! Sie machen ihn mir ja betrunken Montchevreuil, und wir können dann kein Protokoll mehr aufnehmen!

Martineau (sehr heiter). Ich betrunken? Was sagst Du da Champagnol? Also bin ich Dein Freund nicht mehr? Ich werde Dir zeigen, daß ich Dein Freund bin — ich werde Deine Frau erwischen, und zwar sogleich.

Montchevreuil (unruhig, bei Seite). Was wird er thun?

Champagnol. Wieso?

Martineau. Hören Sie meine Idee! Das Hotel hat blos 12 Fremdenzimmer — 6 davon gehen in dieses Gast=zimmer. — Wir werden also einfach nachsehen, ob sie bewohnt sind.

Montchevreuil. Der wird eine Dummheit machen! (Steht auf und stellt sich vor die Thür Nr. 5.)

Martineau. Sie werden gleich sehen! (Bindet eine Ser=viette wie eine Schärpe um.) So, ich bin fertig! Sehen Sie den Effect! Oeffnen Sie in Namen des Gesetzes!

Montchevreuil (Nr. 5 Thüre festhaltend). Aber das ist ja nicht in Ordnung, erlauben Sie! Das ist ein Mißbrauch der Amtsgewalt!

4*

Champagnol. Das ist eine famose Idee, wenn sie hier ist, so finden wir sie ohne die geringste Mühe.

Martineau (zu Montchevreuil, der ihm am Rock zupft, schreit). Oeffnen Sie! Im Namen des Gesetzes.

(Alle Thüren öffnen sich. Montchevreuil schließt schnell die Thür von Nr. 5, Droguet, welcher 6 geöffnet hat, schließt wieder schnell. Die Thüren 1, 2, 3, 4 bleiben offen, die jungen Leute treten hervor.)

18. Scene.

Vorige. Jules, Paul, Gustav, Lucien.

Martineau (sieht die jungen Leute). Ah! ah! es waren Ihrer vier. Jetzt werden wir lachen, passen Sie auf, jetzt werden wie lachen!

Paul. Also das nennt man ein ruhiges Hotel?

Champagnol. Meine Frau muß da drinnen sein?

Martineau. Seid Ihr Alle hier mit einer Dame?

Alle. Ja!

Martineau. Gut! Mit einer Frau?

Jules. Ja! Mit unseren Frauen!

Martineau. Ihr habt also mehrere?

Paul. Wir haben vier!

Martineau. Jeder?

Jules. Aber nein, unsere Frauen haben vier Männer!

Martineau. Jede? Das macht 16! Und verheiratete Frauen?

Jules. Natürlich, da es unsere Frauen sind!

Martineau. Aber Ihr seid doch nicht 16 Männer?

Paul. Aber nein, wir sind vier!

Martineau. Vier einerseits — wir sagten 16 einerseits $16 + 4 = 20$, das macht vierundzwanzig Männer! Ich verstehe nichts mehr davon!

Champagnol. Wie, es sind Euere Frauen?

Alle. Unsere legitimen Frauen! Wir sind auf der Hochzeitsreise!

Martineau. Legitime Frauen! Ah meine Kinder, nun ist es nicht mehr spaßig! Es war ein Irrthum. — Sie können gehen!

Paul. Nun, dieses Hotel werde ich mir merken! (Die jungen Leute in ihre Zimmer ab.)

19. Scene.

Vorige, ohne die jungen Leute.

Champagnol. Aber so warten Sie doch, Martineau, da sind ja noch 2 Zimmer, die wir nicht geöffnet haben. (Will links gehen.)

Montchevreuil (leise). Sie ist verloren! (Dreht Champagnol um.) Nein, nicht hier, suchen Sie gegenüber. Es scheint mir, als sei die Thüre geöffnet worden!

Martineau. Sagen Sie, Champagnol, wie wäre es, wenn wir diniren würden? Ich habe Hunger! — Das kommt von der Melone! — Und mir war schon vor der Melone nicht recht wohl!

Champagnol. Gewöhnlich kommt das erst nachher — also beklagen Sie sich nicht und lassen Sie mich nachsehen! (Sieht durch das Schlüsselloch.) Ja, da ist eine Frau, und nicht allein!

Montchevreuil. Gehen Sie hinein — hinein!

Champagnol (öffnet die Thür Nr. 6).

Montchevreuil (stößt ihn hinein und schließt zu). So — das wäre abgemacht!

Martineau. Wie, Sie schließen ihn ein?

20. Scene.

Montchevreuil, Martineau, Hortensia.

Montchevreuil (eilt an die Thür Nr. 5, läßt Hortensia herauskommen). Kommen Sie, Madame, kommen Sie! (Zu Martineau.) Ein Wort, Senor Caballero, cosas de Espana! (Bei Seite.) Das soll heißen, reden wir spanisch. Erkennen Sie diese Dame?

Martineau. Sieh da — Hortensia!

Hortensia (wirft sich in seine Arme). Ah, mein Onkel, mein braver Onkel! (Leise.) Sie verstehen doch?

Martineau (leise). Alles! (Laut.) Hat man also seinen guten Onkel wieder gefunden?

Montchevreuil (zu Hortensia). Sie sind mir eine Er=
klärung schuldig, Madame — aber —

Hortensia. Mein Freund!

Montchevreuil. Geben Sie sie mir später — jetzt ist
dazu keine Zeit. (Zu Martineau.) Nehmen Sie sie fort und
erwarten Sie mich am Bahnhof. — Ich werde Sie dort
treffen! Gehen Sie und auf baldiges Wiedersehen!

Martineau. Verstehe nichts davon, nehme sie aber
doch mit. (Gibt Hortensia den Arm, Beide ab.)

21. Scene.

Montchevreuil, dann **Heloise, Droguet,** dann **Madame
Veteran, Loulou.**

Montchevreuil. Gerettet! sie ist gerettet! Ah! (Sieht
Martineau's Schärpe auf dem Tische, nimmt sie, Lärm und Schreien
in Zimmer Nr. 6.) Ah, ich vergaß Champagnol! (Oeffnet die Thür.)

Heloise (läuft entsetzt über die Bühne). Bringt sie aus=
einander! Bringt sie auseinander!

Montchevreuil (im Hintergrunde). Meine Frau hier?
Mit wem, Madame? (Heloise sinkt ohnmächtig auf einen Stuhl,
Droguet kommt.) Droguet und Champagnol!

Droguet. Es war Champagnol? Ich blieb bei Ihrer
Gattin, wie Sie es verlangten. Auf einmal geht die Thüre
auf, Luftzug, Licht geht aus, ein Mann stürzt auf mich,
wir raufen im Dunkeln — das Fenster war offen, der
Balkon alt, das Geländer gibt nach und Champagnol ver=
schwindet. Hoffentlich hat er sich nur das Genick gebrochen?

Montchevreuil. Unglücklicher! Er hat mir meinen
letzten Clienten getödtet.

Droguet. Nein, es ist ihm nichts geschehen, ich hörte,
wie er auf etwas Weiches fiel!

Madame Veteran (mit Loulou). Ungeheuer! Er fiel
auf mich! Ah, man hat Sie also mit einer Frau erwischt?
— Und Sie werfen mir Menschen an den Kopf? Raub=
mörder! Polizei! Polizei!

Droguet. Was hätte Napoleon in diesem Falle gethan?

Madame Veteran. Man soll ihn arretiren!

22. Scene.

Vorige. Ein Herr. Zwei Gensdarmen.

Der Herr. Ah! Was geht denn in diesem Hotel vor?

Madame Veteran. Bitte diesen Herrn zu arretiren!

Der Herr. Wen? Wer soll arretirt werden? Sie? (Nimmt Montchevreuil beim Arm.)

Montchevreuil. Wollen Sie mich wohl gleich loslassen? Sie!

Der Herr. Sie widersetzen sich? Gensdarmen arretiren Sie diesen Mann!

Madame Veteran. Aber er ist es ja nicht, sondern mein Schwiegersohn!

Der Herr. Gut, so wird er auch festgenommen!

Droguet. Aber, mein Herr!

Der Herr. Gensdarmen, nehmt sie alle - Ihr werdet Euch auf der Wache erklären!

23. Scene.

Vorige. (Die 8 jungen Leute aus den 4 Zimmern kommend.)

Alle. Ein recht ruhiges Hotel!

A c t u s.

Dritter Akt.

Amtszimmer der Mairie von Fontainebleau. Die breite Mittelthüre führt in das Vorzimmer und läßt die Thüren zum Einreichungsamt und zum Steueramt sehen. Links vorne ein Tisch, rückwärts das Zimmer des Polizei=Commissärs. Rechts vorne die Thüre zur Polizei= stube, ober der Thür ein ovales Fenster, rückwärts die Thüre zum Arrest.

1. Scene.

Ein Herr, Robin.

Robin. 8 Uhr — der Herr Secretär des Commis= sariats wird nicht mehr lange ausbleiben.

Herr. Entschuldigen Sie, wo ist der Saal wo man getraut wird.

Robin. Rechts im 1. Stocke, die erste Thüre.

Herr (ab).

Robin. Sehen wir uns einmal das Protokoll der nächtlichen Arretirungen an. (Liest die Papiere, die auf einem Tische liegen.) Grand rue — Einbruch und Diebstahl — 9 Uhr Abends, Verhaftung des Herrn Montchevreuil wegen nächtlicher Ruhestörung — Verhaftung des — Droguet — (erscheint am ovalen Fenster über der Thüre)

2. Scene.

Robin, Droguet.

Droguet. Herr Amtsdiener!

Robin. Nun, was gibt es denn da? Wollen Sie wohl gleich von da oben weg gehen? Sie!

Droguet. Ich protestire! Man hat mich mit einem wilden Thiere eingesperrt! (Dreht sich um.) Madame Veteran

— ich werde mich beklagen! Sie kratzt und zwickt mich! Ich habe schon ganz blaue Augen.

Robin. Blaue Augen — das ist ja schön! Aber meinetwegen — ich werde Sie herauslassen, bis der Herr Secretär kommt. Aber ich rathe Ihnen ruhig zu sein. — (Oeffnet die Thüre.) Der neue Secretär ist nicht sehr gemüthlich! (Für sich.) Die sehen ja ganz ruhig, harmlos aus, ich glaube, es ist keine Gefahr dabei, wenn sie ein wenig frei herumlaufen.

3. Scene.

Robin, Madame Veteran, Loulou, Droguet.

Robin (läßt sie heraus) Kommen Sie, aber verhalten Sie sich ruhig!

Madame Veteran (zu Droguet mit Verachtung). Mein Herr — Sie sind ein Elender!

Droguet. So geht es schon seit gestern Abend! (Geht hinter Loulou.) Vertheidigen Sie mich Loulou!

Loulou. Nachdem ich Ihretwegen auf dem Polizeiposten übernachten mußte? Ich bin böse auf Sie!

Madame Veteran. Eine Braut muß auf der Polizei übernachten! — noch nicht dagewesen!

Droguet. Ich bin unschuldig, Loulou, wie ein Täubchen aus der Arche Noah —

Loulou. Nein, Herr Droguet, das glaube ich nicht und darum liebe ich Sie auch nicht mehr, Herr Droguet!

Madame Veteran. Ich werde Dir Täubchen geben! Ein Mann, der seine Braut vor der Hochzeit schon betrügt!

Droguet. Erlauben Sie —

Madame Veteran. Wenn man ein Mann von Bildung ist, so betrügt man seine Zukünftige nicht vor der Hochzeit, mein Herr! Da kommt der Secretär — na warte Junge!

4. Scene.

Vorige. Deloge.

Robin (grüßend.) Herr Secretär, hier ist der Rapport! (Gibt ihm die Papiere.)

Deloge. Gut! Bringen Sie mir alle Leute her, die an der gestrigen Rauferei theilnahmen.

Droguet. Die gestrige Rauferei sind wir, zu dienen.

Deloge (dem Robin die Gruppe gezeigt hat). Ist das die ganze Bande? Und der Angeklagte Montchevreuil? Ah — in der Zelle — hat sich widersetzt — sehr gut! (Untersucht die Papiere.)

Madame Veteran. Du, Loulou, man wird von Sachen reden, die nicht für Dich passen — das ist kein Ort für ein junges Mädchen! Entschuldigen Sie, Herr Secretär, Sie verstehen — ich habe mein Kind musterhaft erzogen — meine Tochter ist ganz unwissend! Geh' zurück in die Zelle und warte! (Loulou ab). Und jetzt — (zu Droguet) kommen wir Zwei daran — mein guter Freund. (Zwickt ihn).

Droguet. Herr Secretär, sie zwickt mich! Ich habe noch keinen Augenblick Ruhe gehabt — die ganze Nacht hat mich meine Schwiegermutter gezwickt, ich muß sogar überall blaue Flecken haben!

Deloge. Ruhe! (Zu Madame Veteran). Sie sind das Einhorn?

Madame Veteran. Zu dienen, Herr Secretär!

Deloge. Also erzählen Sie, was ist in Ihrem Hotel vorgefallen?

Madame Veteran. Erstens hat man mir einen Menschen vom ersten Stock auf den Kopf geworfen!

Droguet. Es war kein Mensch, es war blos Herr Champagnol!

Deloge. Schweigen Sie!

Droguet Ich schweige ja, ich sage nur, es war Herr Champagnol!

Deloge. Man spricht nicht mit Ihnen! (Zu Madame Veteran). Ueber was beklagen Sie sich?

Madame Veteran. Dieser Herr, der Bräutigam meiner Tochter, hat eine Geliebte —

Droguet Aber gar nicht! Erlauben Sie, da ist ein Irrthum — das war die Frau meines Herrn, Madame Montchevreuil!

Deloge. Ah, Montchevreuil! (Zu Robin.) Führen Sie den Angeklagten Montchevreuil vor. (Zu Madame Veteran.) Hat er sich in Ihr Meldebuch eingetragen?

Madame Peteau. Unter den Namen Baron von Malvinet.

Deloge (zum eingetretenen Montchevreuil). Ah, Sie sind es? Sie haben sich einer Falschmeldung schuldig gemacht, mein Herr?

Montchevreuil. Mein Gott. Herr Secretär, ich bin das Opfer eines unbegreiflichen Irrthumes! Erstens hat die Wirthin zu mir gesagt, daß alle ihre Gäste falsche Namen angeben, zweitens bestreite ich die Thatsache und drittens ist es dumm!

Deloge. Drücken Sie sich anständig aus, mein Herr! Sie gestehen, sich unter falschem Namen gemeldet zu haben?

Montchevreuil. Nein, ich gestehe nichts?

Deloge. Wie — Sie läugnen die Thatsache ab?

Montchevreuil. Aber ich läugne auch nicht.

Deloge. Ich sehe, Sie sind Advocat! Also sagen Sie, was Sie zu sagen haben und fassen Sie sich kurz!

Montchevreuil. Ich habe meine Vertheidigung vorbereitet, um mich nicht hinreißen zu lassen. Meine Herren, man kann sagen, daß der Gerechtigkeitssinn dem Geiste des Menschen angeboren ist. — Von zartester Jugend an —

Droguet. Verzeihung! Ich habe mich auch vorbereitet! — Zu Anfang jeder großen Katastrophe, welche die Oberfläche der Menschheit erschüttert haben, findet sich immer ein kleiner Grund — hier ist es eine Forelle!

Montchevreuil (für sich). Himmel — er weiß! Meine Forelle — die Baronin —

Deloge. Es handelt sich jetzt um keine Forelle!

Madame Peteau. Es handelt sich um einen infamen Bräutigam!

Deloge (zu Montchevreuil). Man hat diesen Herrn mit einer Frau gefunden — er behauptet, es sei die Ihrige!

Droguet. Gewiß!

Montchevreuil. Ja, das ist selbstverständlich. Es war ein Uebereinkommen zwischen uns — ich hatte ihm befohlen —

Madame Peteau. Was?!

Droguet. Oh, wenn Sie sich immer bei den einfachsten Sachen aufhalten wollten!

Deloge. Also es war die Dame, welche gestern befragte. Ich habe sie in Freiheit gesetzt. (Zu Montchevreuil). Aber Sie, mein Herr, was machten Sie dort?

Montchevreuil. Sie werden es erfahren, wenn Sie mich meine Vertheidigungsrede beendigen lassen! — Meine Herren — der Gerechtigkeitssinn —

Deloge. Zur Sache — zur Sache!

Montchevreuil. In zartester Jugend, kaum der Kindheit entwachsen —

Deloge. Zur Sache, mein Herr, zur Sache!

Montchevreuil. Die Sache — das ist ja die Sache! Alles das ist die Schuld von Champagnol — ich begleitete die Baronin —

Droguet. Und ich sage, es war die Forelle! Ich begleitete Heloise.

Deloge. Warten Sie — machen Sie mich nicht irre. Welche Baronin?

Montchevreuil. Die Frau von Champagnol.

Deloge. Gut — und Heloise? Heloise ist die Frau von wem?

Montchevreuil. Von mir!

Deloge. Es handelt sich aber um Champagnol?

Montchevreuil. Champagnol ist der Mann, Alvarez ist der Onkel —

Deloge. Und Hortensia?

Droguet. Ist die Nichte des Mannes, die Baronin und gleichzeitig die Frau des Onkels, das ist doch klar!

Deloge. Sie mischen mir da einen Alvarez hinein, der bis jetzt noch gar nicht vorgekommen und nur, um die Sache zu verwirren! Gut, ich sehe, was Sie beabsichtigen — der Gerechtigkeit ein Schnippchen zu schlagen. Ihre Sache steht schlecht, mein Herr, sehr schlecht! (Zu Robin) Sperren Sie mir alle diese Leute wieder ein.

Montchevreuil.
Droguet. } Aber Herr Secretär!

Deloge. Verdrehte Geschichte, sehr verdrehte Geschichte!

Madame Peteran. Herr Secretär!

Deloge. Böse Geschichte, Madame, böse Geschichte!
(Ab in sein Bureau.)

5. Scene.

Droguet, Montchevreuil, Madame Veteran, Robin.

Robin (zu Montchevreuil). Angeklagter, kehren Sie in
Ihre Zelle zurück!

Montchevreuil. Gut, ich werde an meiner Vertheidigungsrede weiter arbeiten. Im zartesten Alter — ich werde
es singen, das ist überzeugender! (Singt.) Im zartesten Alter
— (Geht ab.)

Robin (öffnet den Arrest). Bitte —

Madame Veteran. Langsam, langsam! Mit Damen
geht man höflich um — da sagt man nicht — „bitte"!

Droguet. Im Gefängniß, am Tage meiner Hochzeit!
— Ich werde klüger sein, wenn man mich das nächste Mal
erwischt! (Ab.)

Madame Veteran (stürzt ihm nach). Das nächste Mal?
Was hat er gesagt? — Was hat er gesagt? Das nächste
Mal? Na warte! (Ab.)

6. Scene.

Robin, Hortensia, Martineau.

Hortensia (kommt, während Robin die Thüre schließt).
Was will man denn eigentlich von uns?

Martineau (zu Robin). Man hat uns vorgeladen
Wir sind als Zeugen hier — also melden Sie uns dem
Herrn Secretär.

Robin (ab).

Hortensia. Als Zeugen wegen der gestrigen Geschichte
im Einhorn? Um mich zu compromittiren — ich danke!

Martineau. Sagen Sie mir — was hatten Sie
denn in Fontainebleau mit Montchevreuil zu thun?

Hortensia. Das ist ganz einfach! Ich sagte Ihnen,
daß meine Ehescheidungsklage heute noch in Fontainebleau
verhandelt wird. Montchevreuil ist mein Advocat — ich
hatte ihn mitgebracht. Und damit Sie es wissen — ich bin
cokett — cokett — um einen Mann wahnsinnig zu machen --

ich liebe es, alle Männer als Sklaven zu meinen Füßen zu
sehen — wie diesen Montchevreuil. Da ich meinen Mann
nicht lieben kann, will ich alle anderen Männer für ihn
peinigen! Nun wissen Sie Alles!

Martineau. So? — Dann bitte, zählen Sie mich
von heute an nicht mehr zu Ihren Verehrern. Ernst! (Sieht
Deloge eintreten.) Ich werde mit ihm sprechen — dann geht
die Sache ganz von selbst.

7. Scene.
Vorige. Deloge.

Deloge. Herr Martineau — gut, daß Sie gekommen
sind! Sie werden in der Affaire Montchevreuil als Zeuge
dienen.

Martineau (zu Hortensia). Hoho! Er will sich wichtig
machen! Haben Sie nur keine Furcht, ich werde ihm gleich
den Standpunkt klar machen! (Zu Deloge.) Mein lieber Ernst!

Deloge. Hier gibt es keinen lieben Ernst!

Martineau. Aber lieber Freund!

Deloge. Hier gibt es keinen lieben Freund!

Martineau. Also mein lieber Collega —

Deloge. Ich muß mir auch den Collegen verbieten!
Ich bin der Secretär des Polizei-Commissärs, Sie sind es
nicht mehr, folglich sind wir keine Collegen!

Martineau (zu Hortensia). Er ist trocken!

Hortensia. Sehr trocken!

Deloge. Sie sind Zeuge in der Affaire Montchevreuil
— (zu Robin) führen Sie den Angeklagten vor.

Robin (öffnet die Thüre der Zelle). Niemand da? Herr
Secretär, der Angeklagte ist entflohen!

Deloge. Entflohen! Laufen Sie Robin, man muß ihn
einfangen — und schnell — schnell! (Robin ab.)

Martineau. Entflohen! Montchevreuil entflohen! Das
ist famos!

Deloge. Haben Sie die Güte, hier zu warten, Madame! (Zu Martineau.) Sie, mein Herr, gehen in mein Cabinet.

Martineau (zu Hortensia). Weiß der Teufel, er ist
trocken. (Zu Deloge.) Das ändert nichts an der Thatsache,
daß Ihr erster Gefangener entflohen ist! — Gut gemacht!

Deloge (im Hinausgehen). Entflohen! Wenn man ihn nicht gleich findet, gehe ich auf den Bahnhof und lasse ihn beim Abfahren festnehmen! Das wäre eine schöne Blamage! (Links rückwärts ab.)

8. Scene.

Hortensia allein

Hortensia. Ein Bär, dieser neue Secretär, ein Bär! Montchevreuil ist fort — das ist mir sehr angenehm! Ich werde ihn nicht wiedersehen! Desto besser, ich brauche Herrn Montchevreuil nicht mehr — nachdem ich wieder einmal bewiesen habe, daß man mich lieben kann!

9. Scene.

Hortensia, Robin, Montchevreuil.

Montchevreuil. Keine Brutalitäten, Herr Amtsdiener, keine Brutalitäten! Es ist nicht gelungen! Reden wir nicht mehr davon!

Hortensia (für sich) Mein Gott! (laut) Wie, man hat Sie gefangen? Mein armer Freund!

Robin. Wo ist denn der Herr Secretär? (Sucht)

Montchevreuil. Sie sind es Madame? Wir haben Einiges mit einander zu besprechen — wir Zwei! Ich weiß Alles!

Hortensia. Caramba!

Montchevreuil. Das ist jetzt nicht mehr nothwendig, das Castilianische — macht keinen Effect mehr! Ich weiß Alles — Sie sind nicht Baronin — Sie sind kein spanisches Rohr und sind auch nicht gegenüber dem Alcazar geboren!

Hortensia. Aber gegenüber dem Collosseum.

Montchevreuil. Ihr Onkel allein ist echt! Und dann meine Gedanken sind heute etwas verworren! Welche Nacht! Erst hatte ich folgende Idee: ich wollte entfliehen, indem ich mir einen unterirdischen Gang graben wollte mit der Feder meiner Uhr. — Aber ich hatte berechnet, daß ich auf diese Art erst im Jahre 1997 frei geworden wäre!

Hortensia. Das wären blos 110 Jahre gewesen!

Montchevreuil. Ganz richtig — und ich habe nicht so viel Geduld! Ich untersuchte meine Zelle genauer und bemerkte, daß eine eiserne Stange am Fenster fehlte. Ich steige auf einen Tisch und zwänge mich durch das Fenster, so gut es geht. Ich steige auf ein Dach — ein Fenster ist offen — ich springe hinein — und falle —

Hortensia. Haben Sie sich wehe gethan?

Montchevreuil. — und falle beinahe auf eine Mo= distin, ihrem Costüm nach zu urtheilen, werden die dies= jährigen Moden sehr einfach sein. — Als sie mich erblickte, fing sie an zu schreien — ich öffne die Thüre, fliege die Treppen herunter und gerade in die Arme des Gensdarmen, den das Geschrei der Modistin aufmerksam gemacht hatte. Sie werden zugeben, Hortensia, daß, wenn man schon ein= mal in 5 Jahren einen wieder einfängt, es ärgerlich ist, daß ich gerade Derjenige sein muß!

10. Scene.
Vorige. Deloge.

Deloge. Treten Sie in mein Cabinet, Madame, Sie werden das Protokoll unterzeichnen. (Hortensia ab.) (Zu Mont= chevreuil.) Ihre Sache steht gut, mein Herr!

Montchevreuil. Aber Sie sagten mir vorhin, daß sie schlecht sei.

Deloge. Sie hatten Unrecht, zu entfliehen, mein Herr!

Montchevreuil. Ich hatte Unrecht, zu entfliehen — es war nur Unrecht, daß ich mich wieder fangen ließ, das ist Alles.

Deloge. Bitte, mir Ihren wirklichen Namen anzu= geben. Vorname?

Montchevreuil. Louis!

Deloge. Ich frage nicht nach Ihrer Profession.

Montchevreuil. Aber das ist es ja auch nicht — es ist der Name meines Taufpathen, welcher Notar war.

Deloge. Gut. Also Ihre Profession?

Montchevreuil. Weiß ich nicht; gestern war ich Notar — in Paris; zur Zeit: Ehren=Gefangener zu Fontainebleau.

Deloge. Gut. Gensdarme — schnallen Sie den Herrn wieder an. Nein, in der Zelle würde er wieder entwischen. Behalten Sie ihn im Auge. (Ab.)

II. Scene.

Robin, Montchevreuil, dann Champagnol.

Montchevreuil (zu Robin). Es ist wahr, ich bin entflohen — aber wer hat angefangen? Wenn Sie mich nicht eingesperrt hätten --

Champagnol. Himmel! mir thun alle Rippen weh! Ich bin nicht gewohnt, durch Fenster auf die Straßen zu gelangen! (Sieht Montchevreuil.) Ah, da sind Sie ja! (Zu Robin.) Ich kann ein paar Worte mit den Angeklagten wechseln, nicht wahr?

Robin. Nur zu — ohne Umstände!

Champagnol. Montchevreuil, ich habe Ihnen Etwas zu sagen!

Montchevreuil. Ich auch, Champagnol! Haben Sie je eine Mutter gehabt?

Champagnol. Natürlich! Welche Frage!.

Montchevreuil. Nun Champagnol, im Namen Ihrer Mutter bitte ich Sie, mir bei meiner Flucht behilflich zu sein: wir werfen uns auf den Amtsdiener, Sie geben mir Ihren Ueberzieher — Ihre Beinkleider —

Champagnol (wehrt sich.) Im Namen meiner Mutter verlangen Sie meine Beinkleider? Sie wollen wohl, daß man mich für einen Schatten hält? Erst beantworten Sie mir sechs Fragen.

Montchevreuil. Müssen es gerade sechs sein?

Champagnol. Seit gestern denke ich über Ihr Betragen nach! — Ihr Betragen ist nicht klar mein Herr! — Ich komme gestern zu Ihnen — kaum fort, erfahre ich, daß meine Frau in Ihrem Hause wohnt! Gestern fährt meine Frau nach Fontainebleau, Sie fahren auch nach Fontainebleau! Meine Frau steigt im Einhorn ab — und finde ich Sie auch im Einhorn! — Erklären Sie mir das!

Montchevreuil. Erstens — wären Sie nicht nach Fontainebleau gekommen, so wären Sie mir nicht begegnet!

5

Champagnol. Aber ich kam hieher um meine Frau zu erwischen!

Montchevreuil. Ich auch! Also Champagnol verstehen Sie mich recht! — Ich bin Ihr Advokat und so sagte ich mir: „Er will seine Frau fangen." Da heißt es, ihm zuvorkommen, ich will sie vor ihm fangen! — Bin ich ein guter Advokat — was!

Champagnol. Aber mit wem? Sie hatten Jemanden in Verdacht? Es waren doch nur Droguet, Martineau, Sie und ich da — und wenn Sie es nicht waren und nicht Droguet —

Montchevreuil. Im Vertrauen — es ist Martineau! (Bei Seite.) Das kann ich ganz gut dem Spanier aufladen, er ist ja nicht da!

Champagnol. Martineau? Schon möglich — er sagte mir, daß er eine Dame erwarte, sie ist aber dann nicht gekommen!

Montchevreuil. Sie ist aber doch gekommen!

Champagnol. Also Sie glauben Martineau war es!

Montchevreuil. Ich bin dessen sicher!

Champagnol. Aber Sie — mit wem waren Sie! — Sie sahen so verstört aus, als ich mit Martineau eintrat.

Montchevreuil. Ein guter Advokat zittert für seine Clienten. Und dann — wissen Sie — Frau Martineau wollte kommen — ich war mit Frau Martineau — sie ist so eifersüchtig — und liebt ihren Mann unendlich! — Ich mußte sie beruhigen! (Bei Seite) Ich lüge wie eine Depesche!

Champagnol. So — dieser Schlingel hat eine Frau?

Montchevreuil. Eine Schönheit erstes Ranges (bei Seite). Jetzt ist mir schon Alles — Eins, ich dichte ihm, wenn's nöthig, auch noch eine Großmutter an den Hals. —

12. Scene.

Vorige. Champagnol, Martineau.

Montchevreuil. Martineau! (bei Seite). Sapristi er war da! (Laut). Ah da sind Sie ja!

Martineau. Ja da bin ich! Guten Tag, Champagnol!

Champagnol. Ich weiß alles, mein Herr!

Montchevreuil. Champagnol! Sprechen Sie doch darüber nicht mit ihm — es wird ihn unangenehm berühren!

Champagnol. Ja — Sie haben meine Frau entführt!

Martineau. Wer? Ich? Ihre Frau? Wann?

Champagnol. Gestern! Im Einhorn!

Montchevreuil. Vermeiden Sie diese Auseinander-setzungen, Champagnol!

Champagnol (zu Martineau). Sie wissen ganz gut, wann! Gestern im Einhorn, nach dem Essen!

Martineau. Nach dem Diner? Warten Sie einmal! Ich erinnere mich nur bis zur Melone — aber nach der Melone? Ich glaube nicht!

Champagnol (schreit). Sie haben mir Hortensia entführt!

Martineau. Nein, es war anders! (Zeigt auf Mont-chevreuil.) Dieser Herr bat mich, sie wegzuführen!

Champagnol. Sie — Montchevreuil?

Montchevreuil. Nur Geduld, es wird sich Alles auf-klären! (Zu Martineau.) Ich habe Sie Ihnen anvertraut, weil Sie ihr Onkel sind!

Martineau. Ich? ihr Onkel? Nie gewesen!

Montchevreuil. Wie? Sie sind nicht ihr Onkel?

Champagnol. Sapristi, Montchevreuil, Sie sagen mir, daß sich Alles aufklären wird, und je mehr Sie erklären, desto weniger versteht man Sie!

Montchevreuil (sucht Champagnol zu entfernen). Aergern Sie sich nicht! Gehen Sie!

Champagnol. Nicht eher, bis ich diesem Herrn meine Meinung gesagt habe. Ich sage Ihnen nur das Eine — daß, anstatt sich um meine Frau zu kümmern, Sie besser thäten — bei Ihrer Frau zu bleiben — die Sie so auf-richtig liebt!

Martineau. Bei welcher Frau?

Montchevreuil. Bestehen Sie nicht darauf — Cham-pagnol — es ist unmanierlich!

Champagnol. Madame Martineau — Ihre Frau — eine Schönheit ersten Ranges, welche Sie liebt —

Montchevreuil (bei Seite). O weh!

Martineau. Meine Frau? Zu dumm! Ich bin ja gar nicht verheiratet!

Champagnol. Nicht verheiratet? (Zu Montchevreuil.) Was haben Sie mir denn da vorgelogen?

Montchevreuil. Sie wollten ja Erklärungen haben, man gibt sie Ihnen und nun sind Sie noch nicht zufrieden!

Champagnol. Ja, lustig haben Sie sich über mich gemacht — aber wir werden ja sehen, wer Recht behält. — Ich werde Alles zu Protokoll geben! Kommen Sie, Martineau!

Montchevreuil. Champagnol, beruhigen Sie sich!

Champagnol. Wir sehen uns wieder, mein Herr! Die Gerechtigkeit wird walten! (Mit Martineau ab.)

13. Scene.
Montchevreuil, Robin.

Montchevreuil (spricht durch die Thüre). Die Gerechtigkeit — hören Sie — er hört nicht — jetzt ist Alles verloren!

14. Scene.
Vorige. Heloise.

Heloise (zu Robin). Ich habe die Erlaubniß, meinen Mann zu sehen, Herrn Montchevreuil, vom Präfecten unterschrieben.

Robin. Treten Sie ein, Madame.

Heloise. Endlich finde ich Sie wieder!

Montchevreuil. Meine Frau! Madame — wenn Sie einen Mann in einer peinlichen Lage noch verhöhnen wollen — so ist dies der Moment dafür!

Heloise. Ich! Im Gegentheil, mein Freund!

Montchevreuil. Und nur Ihrethalben befinde ich mich in dieser unangenehmen Lage! Wäre es mir in den Sinn gekommen, hieher zu kommen, wenn ich nicht meinen Schreiber zu Ihren Füßen gefunden hätte — wenn diese Briefe nicht gegen Sie gezeugt hätten.

Heloise. Beantworten Sie mir erst eine Frage. Glauben Sie, daß Sie immer Ihre Pflichten gegen mich erfüllt haben? Glauben Sie, eine Frau begnügt sich damit — Frau zu heißen? Man will auch nach der Hochzeit noch geliebt sein! — haben Sie diese Pflicht erfüllt?

Montchevreuil. Man kann von einem Advokaten nicht mehr verlangen, man muß sich mit einer ehelichen Mittelmäßigkeit begnügen!

Heloise. Und wenn der Mann dieses Sehnen nach Liebe nicht erwiedert, wissen Sie, was diese vernachläßigte Frau dann thut? — Dann sucht sie einen andern Gegenstand — an den sie alle ihre Zärtlichkeiten verschwenden kann!

Montchevreuil. Einen Droguet?

Heloise. Ein Hündchen genügt!

Montchevreuil. Aber die Briefe! Sie hätten ihm keine Briefe schreiben sollen!

Heloise. Habe ich ihm denn geschrieben? Was ich dem Papier anvertraute, waren die Eindrücke einer verlassenen Frau — der Roman eines verkannten Herzens! Louis! Ach, wie hätte ich Sie lieben können, wenn ich ein wenig Gegenliebe gefunden hätte!

Montchevreuil. Mein Gott, ich werde Ihnen Etwas sagen. Ich bin kein Romanheld, Clavierspieler, Pont oder Militär mit Borden, aber ich habe andere Vorzüge, die Ihrer Achtung — ich darf sagen, Ihrer Liebe würdig sind!

Heloise. Wie schön war es, als Sie mich noch liebten — in der ersten Gluth —

Montchevreuil. Aber ich bin ja da, um Sie noch weiter zu lieben! Sie sind reizend Heloise! Sie sind nicht gegenüber dem Alcazar geboren, aber Sie sind reizend!

Heloise. Ich verstehe Sie nicht, mein Freund!

Montchevreuil. Sie haben nicht nöthig zu verstehen. Aber — so wie Sie mich hier sehen, bin ich Gefangener.

Heloise. Nun es kann noch Alles gut werden, ich habe den Präfekten gesprochen — er war sehr liebenswürdig — es ist einer Ihrer Schulkameraden — Herr Gobergest.

Montchevreuil. Gobergest Präfekt? Der dicke Gobergest? War immer ein gescheidter Kerl, ich wußte es, daß er Carrière machen würde — wir sind Beide durchgefallen. Und was sagte er Ihnen?

Heloise (zeigt einen Brief). Er gab mir dies für Herrn Martineau — er glaubt es wird genügen, Ihnen die Freiheit wieder zu geben!

Montchevreuil. Also Sie kommen, um mich zu retten?

Heloise. Vielleicht!

15. Scene.

Vorige. Martineau, Deloge, Hortensia, Champagnol.

Deloge (tritt ein). Herr Montchevreuil — (sieht Heloise.) Meine Gnädige?

Heloise. Entschuldigen Sie — ich habe einen Brief vom Herrn Präfekten für Herrn Martineau.

Martineau. Für mich! (Zu Montchevreuil.) Verteufelt hübsche Frau! — Sagen Sie Montchevreuil, wer ist die Dame? Stellen Sie mich ihr vor!

Montchevreuil. Es ist meine Frau!

Martineau. Sehr erfreut! (Oeffnet den Brief.) Ah, es ist meine Entlassung! (Zu Deloge.) Und Ihre officielle Ernennung seit heute Morgen!

Montchevreuil. Seit heute Morgen? (Zu Martineau.) Aber da waren Sie ja gestern Abends noch Secretär?

Martineau. Richtig!

Montchevreuil (zeigt auf Deloge). Also dieser Herr war es nicht?

Deloge. Ich war nur officiös ernannt.

Martineau. Das genügt nicht!

Montchevreuil. Die Verhaftung war gesetzwidrig!

Martineau. Sie sind frei, Montchevreuil!

Champagnol (der bei den letzten Worten mit Hortensia eintrat). Meine Glückwünsche, mein lieber Freund, und die meiner Frau! Sie hat mir Alles gesagt. Wissen Sie, was meine Frau in Fontainebleau zu thun hatte? — Sage es dem Herrn — mein Engel!

Hortensia. Ich kam, meine Ehescheidungsklage zurück zu ziehen — es ist schon geschehen, Herr Montchevreuil!

Montchevreuil. Sie haben Recht — es geht nichts über Sonnenschein nach dem Gewitter! — Wenn ich bedenke, daß ich Droguet im Verdacht hatte —

Heloise. Droguet? Wo ist denn der arme Junge?

Deloge (zu Robin). Lassen Sie die Gefangenen kommen!

16. Scene.

Vorige. **Droguet, Madame Veteran, Loulou** (aus dem Arrest).

Montchevreuil (zu Droguet, der blaß und verstört eintritt, von Loulou gestützt). Droguet! Sind Sie das? In welchem Zustande!

Droguet. Meine Schwiegermama hat mich bei den Haaren gehabt!

Madame Veteran. Er wird es sich abgewöhnen, Loulou zu betrügen!

Montchevreuil. Aber er ist ja unschuldig! — Er hat sie nie betrogen! Ich bin Schuld an Allem! Ich beschuldigte unrechter Weise meine Frau und den armen Droguet! — Aber ich werde Alles wieder gut machen! Droguet! — Was gab ich Ihnen zum neuen Jahr als Gratification?

Droguet. Sie haben mir heuer n i ch t s gegeben!

Montchevreuil. Nun, das nächste Jahr bekommen Sie das Doppelte! Umarmen Sie Ihre Braut!

Droguet. Ich sagte es ja immer, die Forelle war an Allem schuld!

Montchevreuil. Ja die Forelle!

Madame Veteran. Also Achtung auf's Commando! Fertig! (Droguet ist bei Loulou, Champagnol bei Hortensia und Montchevreuil bei Heloise.) Umarmen — die Frauen! Fertig — — Feuer! (Nimmt Robin beim Kopf, umarmt ihn gleichzeitig ebenfalls.)

Finis.

www.ingramcontent.com/pod-product-compliance
Lightning Source LLC
Chambersburg PA
CBHW020234090426
42735CB00010B/1690